Maria Köllner

Die Lamafrau

via nova
Taschenbuch

MARIA
KÖLLNER

DIE LAMAFRAU

MIT MUT IN EIN NEUES LEBEN

via nova
Taschenbuch

1. Auflage 2012

Verlag Via Nova, Alte Landstr. 12, 36100 Petersberg

Telefon: (06 61) 6 29 73

Fax: (06 61) 96 79 560

E-Mail: info@verlag-vianova.de

Internet: www.verlag-vianova.de / www.transpersonale.de

Titelfoto: Sven Hannes

Umschlaggestaltung: Uwe C. Beyer

Satz: Sebastian Carl

Lektorat: Angelika Holler

Druck und Verarbeitung: Appel und Klinger, 96277 Schneckenlohe

ISBN 978-3-86616-223-5

*Für die Menschen
und Tiere,
die mir den Himmel
auf die Erde
bringen*

„Steh endlich auf und schüttele
die letzten Träume von dir ab.
Dein Leben ist wunderbarer als deine Träume,
die du je geträumt hast.
Du hast schon viel zu lange das Leben geträumt.
Jetzt kannst du es leben.“

BARBARA SCHENKBIER

Inhalt

Prolog

Dem ehemaligen Zirkuslama Sancho und der als Weihnachtsbraten vorgesehenen Gans Antonia geht es prächtig. Mit ihnen und einigen anderen Tieren lebe ich auf einem kleinen Hof in Norddeutschland bei Hamburg. Weder Sancho scheint sich an seine traurige Vergangenheit in der Enge des Zirkus zu erinnern, noch Antonia ist sich ihrer ursprünglichen Bestimmung als Festbraten bewusst.

Meine Tiere sind einfach nur da. Und – das ist mein Geschenk, das sie mir jeden Tag wieder neu machen. Nach einigen Jahren verstehe ich sie so gut, dass ich manchmal darüber nachdenke, ob ich in einem früheren Leben selbst eine Gans war oder vielleicht ein Lama. Ich könnte auch ein Huhn gewesen sein.

Mit Tieren ist das Leben irgendwie leichter. Beim Ausmisten des Schweinestalls, dem Füttern der Hühner, beim Spazierengehen mit den Hunden, dem Streicheln des Katers oder der Laufente Lilli Laufi scheint alles unbeschwerter, und die Sorgen verlieren an Gewicht. Ohne meine Viecher würde ich auch viel seltener lachen. Jeder, der auch Tiere hat, kann das nachempfinden.

Aber das Wichtigste ist, dass meine Tiere mir zeigen, wie einfach das Leben sein kann, weil sie nicht alles in Frage stellen und sie davon ausgehen, dass es auch morgen wieder Futter gibt. Alle Tiere haben dieses Urvertrauen.

Diese wahre Geschichte erzählt von einem Weg in ein neues Leben. Jeder kann ihn für sich finden. Nur Mut, es geht auch ohne Lama!

Der neue Weg

„Und jedem Anfang wohnt ein Zauber inne,
der uns beschützt und der uns hilft zu leben.“

Aus „Stufen“ von Hermann Hesse

KAPITEL 1

Der Zirkus

Schritt für Schritt nähere ich mich bedächtig der Zeltöffnung auf dem Zirkusplatz. Sie führt ins Dunkle, wie in eine Höhle. Kleine Staub- und Strohpartikel tanzen hinaus ins Sonnenlicht, als wollten sie mich hineinlocken. Meine Neugier, in das geheimnisvolle Innere einzutauchen, wächst. Ich höre mein Herz klopfen und wage kaum zu atmen. Einige Sekunden stehe ich unschlüssig vor der Entscheidung, umzukehren und alles so zu lassen, wie es war – oder dem Unbekannten zu begegnen.

Ich ahne, jeder weitere Schritt wird mein Leben, das ich zur Zeit einordnen kann, verändern. Mit meinen Töchtern lebe ich nach Klaus‘ Tod vor einigen Monaten allein. Sein Weggehen nach der grausamen Krankheit hat ihn von schweren Lasten, nicht nur den körperlichen, befreit. Er hat den letzten Schritt über die Schwelle in eine andere, lichte Welt geschafft. Die Lücke, die er hinterlassen hat, ist nicht auszufüllen. Das Puzzleteil ist verloren gegangen. Doch das Leben geht weiter, mit neuen Gewohnheiten, anders als die Zeit als Paar. Nach dem Schmerz des Verlustes sehe ich Möglichkeiten für Veränderungen. Spannend, was mich erwartet.

Vielleicht das Leben führen, das zu mir passt. Ich bin nicht mehr die Betrachtende, die auf ihr Leben schaut. Ich bin bereit.

Die Ahnung, die ich seit meiner Kindheit in mir habe, will ich jetzt erleben und meine Chance nutzen. Der Moment zum Aufbruch ist gekommen. Das erkenne ich an diesem Morgen vor dem Zirkuszelt.

Ich hole tief Luft, nehme meinen Mut zusammen und tauche hinein in die Finsternis des Zeltes. Für einen Moment sehe ich nichts. Meine Augen müssen sich erst an die Dunkelheit gewöhnen.

Gleich neben dem Eingang des Tierzeltes stehen einige Ponys eng nebeneinander angebunden; ihre runden Hinterteile ähneln Brötchen auf einem Blech. Ich gehe daran vorbei zum hinteren Teil des Zeltes, das mit einem mannshohen Eisengatter abgetrennt ist. Meine Augen wandern hin und her über eine bunt zusammengewürfelte Tiergruppe. Ein Esel döst mit leicht hängenden Ohren. Drei Ziegen recken gleichzeitig neugierig ihre Hälse und meckern. Ein Alpaka starrt mit großen, sanften Augen und halb offenem Maul ins Leere. Zwei Miniponys kauen auf Strohhalme. Drei Hängebauchschweine graben systematisch die Einstreu um und – das Lama ruht auf seinen angewinkelten Beinen. Ich kann den Blick nicht abwenden. Das Tier liegt gelassen hinter dem Gitter, nicht ahnend, dass diese Besucherin, die anders riecht und sich anders bewegt als die Leute vom Zirkus, es mitnehmen wird in eine Freiheit, die es erst kennenlernen muss.

Ich habe mir zuvor gut überlegt, ein Lama anzuschaffen, denn natürlich kauft man sich so ein Tier nicht wie einen

Wellensittich. Im Fernsehen hatte ich eine Dokumentation über einen Bauern in Tirol gesehen, der eine große Herde von Lamas als Trekkingtiere für seine Gäste hielt. Diese sensiblen Tiere sind robust und anpassungsfähig. Ich wollte ja nicht eine Herde zu mir nach Hause in die Nordheide holen, aber ein oder zwei Tiere würden mir gefallen.

Auf dem Pachtland mit den Wiesen, kleinen Wällen und vielen Bäumen hinter unserem Haus, wo früher unsere Pferde gegrast haben, könnten sich die Tiere wohlfühlen, überlege ich mir. Das Grundstück, das einige Nachbarn bei Spaziergängen mit ihren Hunden als Durchgang zum Wald nutzen, begann zu verwildern. Dieses Land sollte nun eine andere Bestimmung bekommen; dafür hatte ich es übernommen. Zugleich war es der Beginn meines neuen Lebens.

„Tag! Was wollen Sie denn hier?", spricht mich von hinten ein Mann vom Zirkus an. Ich zucke zusammen. Er trägt Arbeitskleidung. Die Zigarette im Mundwinkel wippt beim Sprechen auf und ab.

Der Mann hatte mich wohl beobachtet und war mir in das Zelt zu den Tieren nachgegangen. Ich will mein Erschrecken nicht zeigen und entgegne mit einer Frage:

„Ist das Lama zu kaufen?"

„Das müssen Sie den Chef fragen."

„Und wo finde ich den?"

„Hinten in dem großen Wagen direkt am Zelt."

„Sagen Sie, wie heißt dieses Lama?"

„Ich glaube Max."

„Max? Das passt so gar nicht. Aber, dann ist es wohl männlich?"

„Isses wohl."

Ich löse meinen Blick von dem Lama und mache mich auf die Suche nach dem Direktor. Der Platz ist aufgeweicht vom Regen. Ich stapfe zu dem größten Wagen, steige auf die erste Stufe der Eisenrosttreppe und klopfe an die Tür. Eine schlanke, dunkelhaarige Frau mit einem Baby auf dem Arm öffnet. Der Duft von gebratenen Zwiebeln weht mir entgegen, und ich verspüre Hunger – nach Bratkartoffeln und warmer Gemütlichkeit.

„Kann ich den Chef sprechen?“, frage ich.

Die Frau sieht mich an. Vielleicht denkt sie, ich sei von einer Behörde oder eine Tierärztin. Ihre Mimik zeigt keine Regung.

„Rico“, ruft sie, ohne sich umzudrehen, „da will dich jemand sprechen.“

Der Zirkusdirektor tritt an die Tür, und die Frau macht ihm Platz. Rico füllt mit seinem kräftigen Oberkörper, der in dem weißen Achselhemd sehr athletisch wirkt, den Türrahmen aus.

„Was kann ich für Sie tun?“, fragt er von oben herab. Die Zirkusleute sind auf eine eigene Art freundlich und gleichzeitig distanziert.

„Haben Sie ein Lama zu verkaufen?“

Ich sehe zu ihm hoch.

„Tja, was wollen Sie denn ausgeben?“

Das war fast ein Ja.

„Können wir nicht zusammen hingehen?“

„Eigentlich habe ich keine Zeit. Wir haben bald Vorstellung. Aber, warten Sie. Ich komme mit.“

Auf dem kurzen Weg vom Wagen zum Zelt erzähle ich, dass ich nur wenige Kilometer entfernt ein großes Grundstück habe, einen Stall, und er sich gern alles anschauen könne. Sein Lama würde es wirklich gut haben. Ich spüre, es interessiert ihn nicht.

„Tja“, meint er, „eigentlich wollen wir kein Tier verkaufen, aber…“

„Aber“, ich lasse ihn nicht ausreden, „bei den vielen Tieren kommt es doch auf ein Lama auch nicht an. Oder tritt es auf?“

„Das nicht, aber in der Tierschau sehen sich die Leute gern das Lama an.“

Das Lama „Max“ liegt noch immer wiederkäuend auf der dünnen Strohschicht. Ich bin mir sicher, dass es bald bei mir sein wird. Zu dem Zeitpunkt weiß ich wenig über Lamas, ob sie spucken, beißen oder treten, und es ist mir egal. Dieses Lama will ich aus dem kleinen Gehege herausholen und es über meine Weide laufen sehen.

Ich versuche, den Zirkusdirektor zum Verkauf des Lamas zu überreden. Aber so spontan sind Zirkusleute nicht.

„Ich muss das erst mit meinem Bruder besprechen“, meint er und mustert mich von oben bis unten.

Ich ahne seine Gedanken: „Was will sie mit einem Lama?“

„Was soll es denn kosten?“, unterbreche ich ihn in seinen Überlegungen.

„Darüber muss ich nachdenken. So ein Lama hat seinen Preis. Wie viel wollen Sie denn ausgeben? Was halten Sie übrigens davon, wenn Sie die drei Hängebauchschweine auch mitnehmen? Die buddeln hier alles kaputt.“

„Die Schweine?“ Mein Blick fällt auf die grunzenden, braunen Viecher, die mit ihren feuchten Rüsselnasen das

Stroh hin und her schieben. Das größte ist besonders hässlich, mit dicken Wülsten im Gesicht, die die Augen zusammendrücken. Dazu hat es einen Stiernacken und trockene graue Haut mit wenigen harten Borsten auf dem Rücken. Dagegen wirkt „Max" mit seinen braunen Augen, dem weichen Fell – auch wenn darin Heu und Popcorn kleben – schön und erhaben wie eine Sphinx...

Als die drei Schweine später bei mir lebten und sich ihr freundlich-sanftes Verhalten mir jeden Tag neu mitteilte, erkannte ich, wie unwichtig das Aussehen ist, das durch die Willkür des Menschen gezüchtet wird. Für sich hatte er diese Wesen so geschaffen, dass ihre Bäuche nicht nur mit zunehmendem Alter, sondern auch ihre Bauchlappen über den Boden schleifen. So treten sie darauf, und jeder Schritt schmerzt. Deshalb musste ich „Susi", das größte der drei Schweine, knapp drei Jahre später von ihrem schweren Körper erlösen und wünschte ihr zum Abschied, sie möge im nächsten Leben leicht und luftig als Schmetterling daherflattern. Harry, den Eber, und die etwas kleinere Madeleine behielt ich fast acht Jahre. Der Höhepunkt an jedem Tag war das Fressen morgens. Und die beiden entwickelten sich zu wahren Gourmets. Da in meinem kleinen Haushalt kaum Reste anfielen, kaufte ich für sie im Supermarkt ein. Während Harry herzhafte Kost bevorzugte, wie gekochte Eier, gern auch ein Bier, hatte Madeleine eine Vorliebe für Kekse. Die mischte ich dann mit Obst, eingelegten Pfirsichen oder kernlosen Kirschen und Hafer oder Maisflocken. In den Jahren wurde ich eine Expertin für Sonderangebote in den Supermärkten. Ich kannte genau die Preise für Konserven oder für Obstkonserven. Warum die eingemachten Kirschen plötzlich in allen Geschäften von 79 Cent auf 1,30€ stiegen, konnte ich mir nicht erklären, vor allem nach der guten Kirschernte. Dafür wurden die Pfirsich- und Ananasdosen günstiger. An der Kasse schauten die anderen Kunden oft auf meinen Einkaufswagen und vermuteten, ich würde für eine Jugendherberge oder eine Großfamilie einkaufen. Da türmten sich Bananen, Drei-Korn-Toast, mehrere Kartons Haferflocken, Sardinendosen, Kekse und Eierpakete. Natürlich kein Fleisch, denn meine Tiere wurden vegetarisch ernährt. Irgendwann sprach mich eine junge Frau an und meinte: „Sie haben wohl eine ganze Mannschaft zu versorgen?"

„So kann man es nennen, aber es ist eine Tiertruppe."

Bei dem ersten, fast angeekelten Anblick in diesem Zirkuszelt wäre der Gedanke, dass ich eines Tages um die Dickste von ihnen weinen würde, absurd. Aber alles im Leben ändert sich, sogar die Gefühle zu Hängebauchschweinen…

„Denken Sie doch mal über den Preis nach", meine ich etwas eindringlicher zu dem Zirkusdirektor, und schließlich murmelt er was von 1000 Euro. Mit so viel hatte ich nicht gerechnet.

„Mh", sage ich, „das ist aber ganz schön teuer."

„Aber die Schweine kriegen Sie auch noch dazu."

„Die will ich gar nicht. Könnte das Lama mal aufstehen?"

Er greift nach einer Forke und tippt Max durch das Gitter mit dem Stiel leicht an. Das Lama erhebt sich widerwillig, hinten zuerst, und schluckt erst ein paar Mal.

„Spuckt es?", frage ich.

„Das kann man nie genau wissen."

Max ist das größte Tier in diesem Gehege und überragt alle.

Ich strecke meine Hand durch das Gitter und will den Hals des Lamas mit dem dicken Fell streicheln, aber das Tier weicht zurück.

„Wir haben bald Vorstellung", meint der Zirkusdirektor und blickt zum Ausgang.

„Sie können sich's ja auch noch mal überlegen und ich spreche mit meinem Bruder."

„Ich habe mich schon entschieden", sage ich und halte ihm meine Hand hin. Er schaut darauf, bevor er sie kurz und kräftig drückt: „Arbeiten können Sie jedenfalls."

Ich empfinde die Bemerkung fast als Anerkennung. Wie oft bemühe ich mich, meine Hände zu pflegen, denen man die Arbeit bei den Tieren ansieht und die nicht zu meinem Outfit passen, wenn ich berufliche Termine habe oder eingeladen bin.

Nach dem Händedruck zwischen dem Zirkusdirektor und mir ist der Kauf des Lamas besiegelt.

„Einverstanden!", meine ich, „wann bringen Sie das Lama?"

„Bevor wir weiterfahren, so in drei Tagen."

„Ich bleibe noch einen Moment hier. Meiner Tochter würde ich gern das Lama zeigen. Ich muss sie nur kurz anrufen."

„Wie alt ist Ihre Tochter?"

„Also ich habe zwei, eine kleinere und eine ältere."

„Sind die so hübsch wie ihre Mutter?"

„Viel, viel besser", stottere ich ein wenig. Plötzlich schien Rico es nicht mehr so eilig zu haben.

„Mein Bruder sucht eine Frau."

„Also, meine große Tochter ist 28, und sie ist wirklich hübsch."

„Wenn Sie das Lama bringen, ist meine Tochter sicher auch da", meine ich immerhin. Dass sie seit gut zehn Jahren mit ihrem Freund Birger zusammen ist und beide demnächst heiraten wollen, behalte ich für mich.

„Tschüs dann. Vielleicht kommen Sie ja in die Vorstellung. Dann sagen Sie meiner Schwägerin an der Kasse Bescheid", verabschiedet sich Rico und verschwindet aus dem Zelt.

Ich wähle die Handynummer meiner Tochter.

Mutgedanke

Es ist mutig, neue Türen zu öffnen und unbekannte Räume zu betreten, unsere Angst zu überwinden und uns auf Neues, Ungewohntes einzulassen. Wir verpassen viele neue Chancen und Möglichkeiten in unserem Leben, wenn wir uns nicht trauen.

KAPITEL 2

Das Pferd

„Kannst du bitte sofort kommen?", rufe ich aufgeregt und laut in mein Handy.

„Mama, ich sitze am PC und arbeite", klingt es leicht gereizt zurück. „Und bitte schrei nicht so laut."

„Kannst du kurz eine Pause machen und …"

„Wo bist du? Warum soll ich gerade jetzt kommen?"

„ Ich bin im Zirkus, und ich brauche deinen Rat."

„Im Zirkus? Keine Mutter von allen meinen Freundinnen und Freunden ruft aus dem Zirkus an und bestellt ihre Kinder dahin."

Insgeheim gebe ich meiner Tochter Recht. Meine Vorliebe für Zirkusse kennen meine Töchter inzwischen, obwohl es nicht die Vorstellungen sind, zu denen es mich hinzieht. Wenn es so etwas gibt wie ein anderes Leben vor dem jetzigen, dann hat meines vielleicht im Zirkus stattgefunden.

Der Zirkus mit der Akrobatik, den Clowns und den Tierdressuren gehört seit jeher zu den Menschen. Er hat eine uralte Tradition. Aber auch Zirkustiere – wie alle „Nutztiere", die der Mensch ausbeutet und deren Würde er verletzt – empfinden Angst und Schmerzen. Sie sind ihm ausgeliefert und haben keine andere Wahl.

„Ich habe ein Lama gefunden. Ich will es dir zeigen und deine Meinung dazu hören“, erkläre ich meiner Tochter.

„Also, hast du es endlich. Kannst du das nicht allein entscheiden?“

Ich bin mir sicher, meiner Tochter wird dieses schöne Tier gefallen, doch vor dem Kauf brauche ich eine Zustimmung, jemanden, der mir Mut macht, mich auf das Abenteuer mit allen Konsequenzen einzulassen. Meine Freundinnen kann ich nicht fragen. Keine würde sich ein Lama anschaffen. Beim Kauf eines neuen Abendkleides würden sie sofort zur Stelle sein.

„Bitte“, schmeichele ich mich bei meiner Tochter ein, „tu mir diesen einen Gefallen und komm.“

„ Diesen einen Gefallen!“, macht sie mich nach, „aber es ist gut. Ich komme schon.“

Seit Klaus nicht mehr bei uns ist, hat Victoria als die Ältere eine andere Stellung in unserer kleinen Familie eingenommen. Es ist ein neues Vertrauen zwischen uns entstanden. Wir sind ein Team bei der Arbeit und auch sonst, aber vor allem, wenn es um Johanna, ihre 14 Jahre jüngere Halbschwester geht, sind wir wie ein Paar, nur bin ich immer der konservative Teil.

Zufrieden, dass ich einen kleinen Teil meiner Entscheidung an Vicky abgeben und meine Freude mit einer anderen teilen werde, wende ich mich wieder dem Lama zu, das mich nicht beachtet, während die Ziegen mit den Vorderbeinen den Zaun hochsteigen und mir ins Gesicht hauchen.

„Wie kann man nur Max heißen, wenn man so aussieht wie du?“, spreche ich das Lama an. „Wenn du zu mir kommst, wirst du es gut haben, ganz viel Gras gibt es und

Platz und einen eigenen Stall." Ich erzähle ihm flüsternd, was ich ihm alles zu bieten habe. Das Lama sieht unter seinen langen weißen Augenwimpern durch mich hindurch. Sein Leben ist der Zirkus. Es kennt seine Geräusche und Gerüche und ist – wie alle Tiere – ohne Erinnerung an die Vergangenheit oder Hoffnung auf eine bessere Zukunft.

Die Schweine graben mit ihren Rüsselnasen das Stroh weiter um und bedrängen dabei das Lama. Es weicht zurück. Ich gehe in die Hocke und versinke eine Weile im Betrachten der Tiere. Dieses Innehalten und das Wahrnehmen der Tiere sollen später die stillen Augenblicke in meinem oft lauten Leben werden.

Wie wenig Platz gibt es hier im Zirkuszelt für diese Tiere, die sich gegenseitig auf die Füße treten; und keines hat die Möglichkeit, sich zurückzuziehen. Gern würde ich das Gitter öffnen und alle Tiere nach draußen auf die sonnige Wiese lassen.

Mein Handy klingelt.

„Wo bist du?", fragt Vicky, „ich stehe vor dem Zirkus."

„ Ich bin in dem langen, blau-weiß gestreiften Zelt ganz hinten bei dem Lama."

Wenige Augenblicke später kommt meine Tochter mit energischen Schritten die Stallgasse entlang.

„Das ist lieb von dir, dass du gekommen bist", begrüße ich sie. „Da ist es", sage ich und zeige auf das Lama.

„Es ist ja wirklich hübsch. Was ist es denn?" Sie mustert es, und ihre Miene hellt sich auf. Am liebsten würde ich sie küssen.

„Ich glaube, ein Hengst, so heißt das wohl bei Lamas, oder?"

„Sollten wir nicht lieber eines von den Pferden nehmen? Dann könnten wir wenigstens wieder reiten."

„Du weißt doch, dass ich nie mehr reite, seit mein Nobody gestorben ist."

„Es ist wirklich schön, vor allem mit diesen weißen Zeichnungen, und es ist sehr groß. Aber warum musste ich extra kommen?"

„Ich wollte dich fragen, ehe ich mich entscheide und – der Bruder von dem Zirkusdirektor wollte dich übrigens auch gern kennenlernen." Kaum habe ich dies ausgesprochen, weiß ich, dass es falsch ist.

„Mama, du bist manchmal unerträglich. Ich gehe jetzt."

„Schrei bitte nicht so laut, das ist ja peinlich."

„Du bist peinlich mit deinen verrückten Ideen."

„Die drei Hängebauchschweine sollen wir übrigens auch bekommen", sage ich, um sie abzulenken.

„Das ist nicht dein Ernst."

„In unserem Stall ist Platz genug, und draußen haben sie einen großen Auslauf. Hier haben alle Tiere zusammen viel weniger Platz."

„Na ja, du solltest dir gut überlegen, was du tust. Ich muss jetzt los, kommst du mit?"

Wir gehen gemeinsam zu den Autos zurück und fahren in unterschiedliche Richtungen los. Ich will Johanna von der Schule abholen, die sich in der Nähe befindet, und ihr das Lama zeigen.

„Du bist ja pünktlich heute", meint sie, als ich mit laufendem Motor vor ihrer Schule warte und sie einsteigt.

„Ich wollte noch kurz mit dir am Zirkus vorbeifahren. Ich habe da ein Lama gefunden."

„Toll“, freut sie sich, „wann kriegen wir es denn?“

„Das weiß ich auch noch nicht genau, in ein paar Tagen. Wir müssen erst noch den Stall fertig bauen.“

Als wir zu dem Gehege kommen, liegt das Lama noch an derselben Stelle. Ein kleiner Junge mit struppigen Haaren spielt an dem Gitter und fährt mit einem Stock daran hin und her.

„Ich spiele Gitarre“, meint er.

„Sind die süß“, freut Johanna sich über die Schweine, die nahe am Zaun im Stroh stöbern, bevor sie das Lama wahrnimmt.

„Die sollen wir übrigens auch haben, sogar umsonst.“

„Wirklich Mama? Wie toll.“

„Aber ich finde sie schrecklich hässlich.“

„Überhaupt nicht; schau sie dir doch mal genau an.“

„Guck doch erst mal das Lama an“, dränge ich.

Der kleine Junge hört mit dem „Gitarrespielen“ auf und klettert flink wie ein Äffchen über den Zaun, der dreimal so hoch wie er selber ist.

„Die hatten Babys, und die sind alle erfroren“, erzählt er und setzt sich auf eines der Schweine, das laut quietschend losrast, wobei der Kleine rückwärts ins Stroh fällt und laut lacht.

Meine Tochter berührt der Tod der Ferkel. Sie meint: „Das ist ja schrecklich. Gut, dass wir sie nehmen. Jetzt schau sie dir doch einmal genau an.“

Ich gehe in die Hocke und sehe in die Gesichter der Schweine. Johanna hat Recht. Das sind drei drollige Gesellen. Ein Hängebauchschwein kann nun mal nicht wie ein Bambi aussehen.

„Weißt du, wie alt das Lama ist?", frage ich den kleinen Jungen.

„Sechs Jahre", sagt er, ohne zu überlegen.

„Sechs? Woher weißt du das?"

„Weil ich weiß, wann es geboren wurde."

„Wie alt bist du?"

„So viel", sagt der Kleine und hält eine Hand mit vier ausgestreckten Fingern in die Höhe. Den Daumen hat er angewinkelt. Johanna und ich schauen uns an und lächeln über den selbstbewussten „Rechenkünstler".

„Trittst du auch im Zirkus auf?", frage ich den Kleinen.

„Klar. Bei den Akrobaten mache ich den Salto in der Luft, und mein großer Bruder fängt mich auf."

Er blickt ganz ernst dabei.

„Johanna, was meinst du, wollen wir das Lama nehmen?"

„Und die Schweine", lenkt sie ein.

Zuhause rufe ich einen befreundeten Tischler an und überrede ihn, den Stall fertig zu bauen. Schon am nächsten Morgen kommt einer seiner Männer, und ich helfe ihm, die Bretter für die Wände anzunageln und eine Tür einzubauen. Mein Freund Theo bringt mir Stroh und Heu, und er fragt nicht, warum ich mir ein Lama anschaffen will und ob ich mich nicht überfordert fühle in meiner nicht einfachen Situation nach Klaus' Tod. Weil er ein guter Freund ist, denkt er das sicher nicht einmal, sondern er bietet mir seine Hilfe an. Ich streue den Stallboden ein und genieße es, endlich wieder das Rascheln des frischen Strohs zu hören, dabei den Duft von reifen Kornfeldern einzuatmen. Die körperliche Arbeit habe ich in den vielen Jahren vermisst, und die Tiere.

Klaus war Golfspieler. So verbrachte auch ich viel Zeit dort, wo er sich wohler gefühlt hat als ich mich.

Die Vorbereitungen für die Ankunft des Lamas locken mich vom Schreibtisch und PC nach draußen, und neue Ideen und Pläne entstehen. Und – es kommen Erinnerungen an „Nobody", meinen schwarzbraunen Traberwallach, der mich ein Vierteljahrhundert durch mein Leben begleitet hat. Mit manchen Tieren ist es wie mit guten Freunden. Ohne sie wäre unser Leben ärmer, und manche sind ganz besonders.

„Nobody" war fünf Jahre alt und ein „Niemand", als ich ihm das erste Mal begegnete. Er hatte keinen Namen, keinen Besitzer und niemanden, der sich für ihn verantwortlich fühlte. So vegetierte er fast ein Jahr lang in einem Reitstall vor sich hin, während die anderen Pferde umhegt und gut versorgt wurden.

Später erfuhr ich seine Geschichte: Als vielversprechendes Rennpferd war er als Jährling von Hamburg nach Frankfurt verkauft worden, wo er sich beim Training am Hinterbein verletzt hatte. „Miravan", so war sein Name, wie ich später herausfand, wurde zwar gesund, aber als Rennpferd war er nie mehr einzusetzen. So wurde aus ihm nach einem kurzen, aber harten Training ein Reitpferd, das an eine Reiterin nach Norddeutschland verkauft wurde. Diese stellte ihn in einen Reitstall unter, kam einige Male und dann nie wieder. Einige Tage stand der hübsche dunkelbraune Traber verlassen im Stall, daraus wurden Wochen und Monate, in denen sich niemand um ihn kümmerte. Sein glänzendes Fell wurde stumpf, seine Muskulatur schwächer und sein Blick, der nur noch die Stallwände kannte, müde. Anwälte, die sich nie die Mühe machten, das Pferd zu begutachten, verhandelten darüber, wer für die Stall- und Futterkosten aufkommen sollte. Niemand interessierte sich für das traurige Schicksal dieses jungen Pferdes, das in die hinterste, dunkelste Box gestellt wurde und sparsamste Futterrationen bekam.

„Den kannst du billig kriegen“, sagte mir der Stallmeister. In seinem Stall hatte ich eine Reitbeteiligung gesucht und dabei dieses vergessene Pferd entdeckt. Ich konnte den Stallmeister überreden, das Vorhängeschloss an der verrosteten Kette aufzuschließen. Als ich das Pferd, das mir wie ein Schatten folgte, am Halfter auf die Stallgasse führte, kamen mir vor Wut und Mitleid die Tränen. Wackelig und kraftlos, ohne Lebenswillen, stand das erst fünf Jahre alte Pferd breitbeinig auf der Stallgasse und konnte sich kaum auf den Beinen halten. Ich streichelte sein mit Mist verklebtes, struppiges Fell, und ich wusste in diesem Moment, wir gehörten zusammen. Dass dies für das nächste Vierteljahrhundert sein würde, ahnte ich damals natürlich nicht.

„Ich möchte ihn kaufen“, sagte ich mutig, denn Geld für den Pferdekauf hatte ich als Jungredakteurin nicht. Doch wir einigten uns, und so zahlte ich „Nobody“, dem ich diesen Namen gab, ratenweise ab. Anfangs belächelten mich die anderen Pferdebesitzer im Verein um mein struppiges Pferd, das ein wenig an ein Muli erinnerte. Wir unternahmen kleine Spaziergänge rund um den Stall oder in den nahe gelegenen Wald, die mein Pferd schon nach kurzer Zeit erschöpften. Mühsam, schwer atmend setzte es einen Schritt vor den anderen. Ich flüsterte ihm in sein Ohr, während ich neben ihm ging, seinen Kopf stützte und immer wieder seinen Hals streichelte: „Du schaffst es. Wir schaffen es zusammen!"

Im ersten Sommer schickte ich „Nobody" zur Erholung mehrere Monate auf eine große Weide, wo auch andere Pferde Urlaub machten, und brachte ihm täglich zusätzlich Kraftfutter. Ganz allmählich bekam „Nobody" mehr Kraft, sein Fell glänzte wieder, und in seine Augen kehrte der Lebenswille zurück. Wenn er mich im Stall und auf der Weide erblickte, begrüßte er mich wiehernd und kam mir entgegengetrabt.

Allen, die uns belächelt hatten, wollte ich beweisen, was ich für ein wunderbares Pferd hatte. So nahmen wir ein Jahr später an einer einfachen Dressurprüfung teil. Die Schleife, die wir für den dritten Platz bekamen, habe ich viele Jahre aufbewahrt. Bei der Ehrenrunde zum Radetzkymarsch im flotten Galopp klopfte ich den Hals meines Pferdes und wünschte mir, dieser Ritt würde nie aufhören. Viele gemeinsame Ausritte in die Natur haben wir erlebt. Im Winter ging Nobody – als Traber – mit sichtlicher Freude vor dem Schlitten, und meine beiden Töchter haben auf seinem Rücken Reiten gelernt. Durch meinen Nobody und unsere innige Vertrautheit, die jeglicher Angst entbehrte, lernte ich das sensible Wesen der Pferde kennen. Damals kannte man noch keine Pferdeflüsterer, aber ich flüsterte meinem Pferd die Menschensprache in seine Ohren, und er konnte alles verstehen; er tröstete mich durch seinen warmen Atem, wenn ich mich verloren fühlte als junge Frau in einer unglücklichen Ehe, und zusammen spürten wir die Kraft des Seins und das Wunder des Lebens beim Galopp über die abgeernteten Stoppelfelder oder die sandigen Heidewege.

Nobody schenkte mir zeitweilig ein Freiheitsgefühl, nach dem ich mich immer gesehnt hatte. Momente, die mich wunschlos glücklich machten.

Die letzten Jahre befand sich sein Stall gegenüber von unserer Küchentür. Ich hatte mein Pferd zu mir geholt, da es am Haus eine große Weide gab. Eine Reithalle, um die Hufschlagfiguren zu üben, brauchten wir nicht mehr. Wir wollten gemütlich spazieren gehen, ausreiten, und Nobody sollte einfach nur grasen. Wann immer ich die Tür öffnete, begrüßte er mich mit einem tiefen, sanften Wiehern. Mit 29 Jahren hat mein „Nobody“, etwas lahm auf den Beinen und mit einigen Zähnen weniger im Maul, beschlossen, dass es genug des Lebens sei. Eines Morgens im Winter wollte er nicht mehr aufstehen. Er war nicht krank, nur müde und alt. Als er auch nach Stunden nicht mehr auf die Beine kam, ließ ich den Tierarzt kommen. Alle Versuche, das Pferd zum Aufstehen zu bewegen, scheiterten. Als der Tierarzt meinte, man könnte es mit einem Elektroschock probieren, schüttelte ich verneinend und mit Tränen in den Augen den Kopf und entschied mich, ihn einschläfern zu lassen. Als mein Nobody seinen letzten Atemzug tief und ruhig tat, seinen schweren Kopf in meinem Schoß gebettet, konnte ich ihn schwer loslassen auf seinem letzten Ritt, zu dem er mich nicht mitnahm, bis sein Kopf schwer absackte. Benommen stand ich auf und ging in den Wald, unsere gewohnte Strecke entlang, die Nobody und ich so viele Male gemeinsam gegangen waren, langsam im Schritt, während er an den Gräsern und Büschen naschte, und auch oft im leichten Galopp, den Frühlingswind in seiner Mähne und in meinem Gesicht.

Klaus fand mich zwei Stunden später an einem Baumstamm hockend, weinend, frierend – es war Mitte November – und leer. „Kleines“, sagte er sanft, „hast du vergessen, dass wir heute in die Toskana fliegen wollen? Komm mit.“ Liebevoll führte er mich nach Hause, und ich konnte nicht aufhören, um meinen Pferdefreund zu trauern. Die Tränen liefen einfach weiter, auch später im Flugzeug, wo ich aus dem Fenster nur in Nebel sah. Als wir landeten, blendete mich die Sonne, und ich war bereit, meinen Nobody gehen zu lassen, in der Gewissheit, irgendwann wird mir sein Wiehern entgegenklingen. Nobody war meine große Pferdeliebe.

Mehr als 14 Jahre sollte es dauern, bis wieder ein Pferd gegenüber der Küche stand. Es ist nicht mehr dasselbe Küchenfenster und dasselbe Pferd, es sind nun zwei: zwei blonde Stuten, Haflinger. Sie wiehern noch nicht, weil uns die Vertrautheit fehlt. Noch. Denn alles hat seine Zeit….

Beim Vorbeifahren am Zirkusplatz bemerke ich, wie die Männer das große Zelt abbauen. Ich suche noch einmal den Direktor auf. Er ist mit dem Abbauen des Zeltes beschäftigt und wortkarg. Das Geschäft am Vorabend ist nicht gut gelaufen, und entsprechend schlecht drückt es auf die Stimmung im Zirkus. Sein Versprechen, mir das Lama zu bringen, scheint er vergessen zu haben.

„Sie hatten mir doch das Lama versprochen“, spreche ich ihn an.

„Gut, dass Sie mich erinnern. Wir können es morgen bringen.“

Ich beschreibe ihm den Weg und zeige in die Richtung, wohin er fahren muss.

„Da sind doch nur Bäume."

„Das täuscht, dazwischen stehen auch Häuser. Wir sind das letzte Haus ganz hinten am Wald, wo die Straße aufhört."

Mutgedanke

Es ist mutig, Entscheidungen zu fällen. Wenn wir überzeugt sind, dass die Entscheidung richtig und gut ist, sollten wir alle Bedenken überwinden, dazu stehen und bereit sein, die Konsequenzen zu tragen.

KAPITEL 3

Das Lama

Ein großes, klappriges, altes Postauto fährt am nächsten Tag vor. Ich höre das Gerumpel schon von weitem. Das Gelb leuchtet mir entgegen. Ich laufe zum Tor und öffne den Weg zur Weide.

„Ihr könnt bis zum Stall fahren“, rufe ich aufgeregt Rico und seinem Beifahrer zu. Ich schaue über ihre Schultern in das fensterlose Innere des Lieferautos. Von den Tieren ist nichts zu sehen.

„Habt ihr das Lama?“, rufe ich.

„Ja, und die Schweine.“

Die Männer fahren bis zum Stall, steigen aus und öffnen die hintere Wagentür. Es ist dunkel in dem Wagen. Der weiße Kopf mit den großen Ohren des liegenden Lamas wirkt wie aus Stein gemeißelt. Platz zum Stehen hat das Tier in dem Fahrzeug nicht. Wie es seiner Wesensart entspricht, hatte sich das Lama der Enge angepasst und die Fahrt auf den Beinen ruhend verbracht. Rico befestigt den Karabinerhaken des Stricks an das Halfter an seinem Kopf und zieht daran. Das Lama steht langsam auf und tritt mit tief gebücktem Hals vor. Im Hintergrund rascheln und grunzen die Schweine. „Max“, den ich von nun an „Sancho“ nenne, springt mit einem eleganten Satz von der Ladefläche, streckt draußen den Hals und blickt ruhig in die Runde, wobei er durch seine schmalen Nasenlöcher tief die frische Luft einzieht.

„Kann ich ihn halten?", frage ich Rico ungeduldig wie ein Kind. Der Zirkusdirektor drückt mir das Strickende in die Hand.

„Komm, du bist jetzt hier zu Hause", locke ich das Lama, und es folgt mir. Ich gehe eine kleine Runde, drehe mich ständig um und kann mich nicht satt sehen an diesem Tier, das nun zu mir gehören soll. Ich habe mein Lama. Ein Glücksgefühl überkommt mich, dass ich fast weinen muss. Da stehen wir beide auf der Weide: das Zirkuslama und ich, und ich bin dabei, mir nach fast fünf Jahrzehnten den Traum meiner Kindheit zu erfüllen. Irgendwie vermisse ich einen Tusch oder dass mir einer gratuliert und mit einem Glas Sekt anstößt. Doch nichts passiert. Warum auch? Bis ich finden werde, was ich mir erhofft habe, soll noch eine Weile vergehen, denn das Lama ist nicht die Garantie für das ersehnte Glück, sondern ein erster Schritt in ein neues Leben. „Ganz schön mutig, sich so ein exotisches Tier anzuschaffen", höre ich eine Nachbarin murmeln, die die Ankunft des Lamas interessiert beobachtet, „ich würde das nicht wollen."

Ich verkneife mir zu sagen, dass ich auch nicht jeden Tag mindestens fünf Stunden oder mehr auf dem Sofa vor dem Fernseher mein Leben verbringen möchte.

„Tun Sie es erst mal in den Stall", meint Rico in diesem Moment und holt mich zurück in die Gegenwart. „Sancho" will nicht durch die Tür gehen. So gehe ich vor und locke ihn, indem ich Hafer und Apfelstücke im Futtertrog mit der Hand durchrühre.

„Dem geht's ja nicht schlecht hier", bemerkt der zweite junge Mann, den ich bisher kaum wahrgenommen habe.

„Das ist mein Vetter Arthur", stellt Rico ihn vor. Arthur trägt ein schwarzes T-Shirt. Seine muskulösen Arme sind doppelt so umfangreich wie meine Oberschenkel.

„Mein Vetter ist Feuerschlucker und Schlangenbeschwörer", sagt Rico.

Vicky, die doch gekommen ist, Ursel, meine Freundin und Vermieterin, und einige Freunde betrachten ihn staunend. Er verschränkt seine Arme, die dadurch noch kräftiger werden.

„Wollen wir jetzt die Schweine holen?", fragt Arthur, „sollen die auch in den Stall?"

„Ja, zum Lama", meine ich.

Die beiden Männer gehen zum Wagen, und Arthur kommt mit einem grunzenden Hängebauchschwein auf den Armen zurück. Jetzt verstehen wir, warum Rico den muskulösen Feuerschlucker mitgebracht hat. „Sind das Sauen oder Eber?", frage ich.

„Zwei Sauen und ein Eber. Der ist allerdings kastriert."

„Kastriert? Aber was ist denn mit den Ferkeln, die erfroren sind?"

„Ferkel?", überlegt Rico, „Ferkel hatten die nie."

„Ach so", meine ich und schaue Johanna an, die nichts dazu sagt. Der kleine Zirkusjunge hatte uns bei dem Besuch wohl „einen Bären aufgebunden".

„Wollt ihr etwas trinken?", frage ich die Zirkusleute, aber die drängen zum Aufbruch, weil sie einen Tag später in einer anderen Stadt gastieren werden.

Ich gehe mit Rico ein Stück zur Seite, um das Lama zu bezahlen. Arthur hat inzwischen aus dem Auto ein abgegriffenes Schulheft geholt, in dem Fotos und vergilbte Zeitungsartikel eingeklebt sind. Sie zeigen ihn mit seinen Schlangen und einer riesigen Flamme, die aus seinem Mund schießt.

„Wenn ihr mal einen Feuerschlucker braucht, wir treten auch privat auf“, meint er und schwingt sich wie ein Cowboy auf den Beifahrersitz des klapprigen Postautos, das bald darauf losholpert. Sorgfältig schließe ich die Pforte hinter dem gelben Wagen.

Ich schütte noch ein wenig Heu auf, gebe den Schweinen Futter in die Schüsseln am Stallboden, und nach und nach verabschieden sich alle. Nur Johanna ist geblieben. Eine Weile wollen wir gemeinsam bei den Tieren sein.

„Morgen lassen wir Sancho auf der Weide laufen, ja?“, fragt meine Tochter, die beobachtet, wie das Lama durch die obere Türöffnung nach draußen blickt und dabei unruhig von einem Fuß auf den anderen tritt.

„Natürlich, und die Schweine auch“, antworte ich. Gemeinsam gehen wir zurück ins Haus.

Als ich Johanna abends einen Gutenachtkuss gebe, sieht sie mich nachdenklich an.

„Wie gut, dass wir die Schweine genommen haben.“

„Warum?“

„Damit sie mit ihren Nasen in der Erde graben können.“

„Du hast Recht, Schweine müssen graben, und Kinder müssen jetzt schlafen. Gute Nacht, meine Kleine“, sage ich.

„Gute Nacht, Lama-Mama.“ Ich muss lächeln. Lama-Mama. Wie schön das klingt.

Leise schließe ich die Tür.

Es ist ein schöner Sommerabend, der den Tag in warmen Farben verabschiedet. Durch die Küchentür gehe ich hinaus zu den Tieren, die nach den Aufregungen des Tages ruhig sind. Ich will sie nicht stören, weiß aber nicht, wohin mit mir. So gehe ich zu meiner Feuerstelle, die ich mir auf unserem ehemaligen Reitplatz in der Nähe des Stalles aus Feldsteinen gebaut hatte. Mit einigen trockenen Ästen zünde ich ein kleines Feuer an. Zum Glück habe ich eine Schachtel Streichhölzer in der Jackentasche; wäre ich ins Haus gegangen, um welche zu holen, hätte ich den Weg nicht noch einmal in die Dunkelheit gefunden.

Kleine helle Flammen züngeln an den Ästen hoch und nagen sich in den Holzscheit, den ich darauf lege.

Zu meinem Leben gehören – im Haus und im Garten – Feuer, die mich wärmen. Seit Klaus´ Tod vergeht kaum ein Tag, an dem ich nicht ein Feuer entzünde. Jetzt sitze ich auf dem Holzklotz, schaue in die Flammen und durchlebe noch einmal den Tag. Eingehüllt von der Dunkelheit und gewärmt von dem Feuer fühle ich mich geborgen und empfinde eine Art Vorfreude, ohne genau zu wissen, worauf. Lama-Mama.

Als nächstes, so überlege ich mir, will ich mehr über „Neuweltkameliden“ erfahren, wie die Tiergruppe heißt, zu der auch mein Lama gehört. Mir ist wichtig, ihm nicht nur die neue Freiheit zu geben, sondern Sancho auch artgerecht zu halten. Über Pferde und Hunde habe ich im Laufe der Jahre im Umgang mit ihnen viel erfahren, aber über Lamas weiß ich noch zu wenig.

Nur wenige Wochen später entdecke ich beim Einkaufen einen Flyer, wo ein Lamaseminar, nur einige Kilometer entfernt, angeboten wird. Natürlich gehe ich dorthin und lerne andere Lamahalter und Experten kennen, erfahre viel Wissenswertes, wie ich mit Sancho umgehen muss. Ein Lamahalter, dem ich ein Foto vom ihm zeige, ist so begeistert, dass er ihn nach dem Seminar bei mir anschaut. Er lobt seine Größe, die Farbe, das Wesen, und als er vorschlägt, ihn als Deckhengst für zwei seiner Stuten einzusetzen, bin ich stolz. „Mein Zirkuslama – ein gefragter Hengst", denke ich. Dennoch lehne ich ab, als ich höre, dass er mehrere Wochen auf dem anderen Hof bei den Stuten bleiben müsste, was wieder mit Transportieren und einer fremden Umgebung für ihn verbunden wäre.

Mutgedanke

Es ist mutig, ungewöhnliche Schritte auf dem Weg in das Glück zu wagen, dies dann auch wahrzunehmen und sich zu bemühen, dass es größer und größer wird.

KAPITEL 4

Der Zaun

Der nächste Tag ist ein Sonntag. Beim Wachwerden habe ich dieses schöne Gefühl, das ich von meiner Kindheit kenne, wenn ich neue Schuhe bekommen hatte. Dabei spielte die Anschaffung eine geringere Rolle als die Freude über das Neue, das nun zu mir gehörte. Am Abend stellte ich das Paar unter mein Bett, und am nächsten Morgen erinnerte ich mich, da war etwas zum Freuen, aber es fiel mir nicht sofort ein, was es war. Ähnlich ergeht es mir an diesem Sonntag. „Das Lama", sage ich mir, wacher werdend. Wie es die erste Nacht im neuen Stall verbracht hat? Ich schaue auf meinen Wecker; es ist kurz nach sechs. Zu früh zum Aufstehen für sonntags, doch an diesem Morgen hält mich nichts im Bett. Schnell streife ich meine „Stallsachen" über, die Johanna verachtet, weil keine der anderen Mütter so etwas trägt, vor allem, wenn sie ihre Kinder von der Schule abholen. Im ehemaligen Pferdestall neben dem Haus füttere ich die beiden Ziegen Rosalinde und Edeltraut, die noch im Stroh liegen und sich über den frühen Besuch wundern. Ich hole Futter und einige Äpfel aus dem Stall und gehe damit zu den neuen Tieren auf das angrenzende Land, das ich für die nächsten zehn Jahre gepachtet habe.

Schon von weitem setzt sich Sanchos weißer Kopf gegen die Dunkelheit des Stalles ab. Er reagiert nicht auf meine Begrüßung und übersieht mich einfach. Ich, seine Retterin, bin Luft für ihn. Menschen, die ihn ansprechen und berühren wollen, ist er im Zirkus gewohnt, tröste ich mich. Die neue Umgebung zieht seine ganze Aufmerksamkeit auf sich. Starr blickt er in die Weite. Die drei Schweine grunzen und stehen schwerfällig auf. Im Laufe der nächsten Monate und Jahre lerne ich, ihre Laute zu verstehen.

Als ich mich der Stalltür nähere und die Hand vorsichtig hebe, weicht Sancho zurück und duckt den Kopf. Seine Augenlider zucken wie bei einem Kind, das Angst hat, geschlagen zu werden.

Sanchos stolze Haltung ist verloren gegangen; er wirkt fast unterwürfig. Ich fülle das Körnerfutter in seinen Trog, und sofort beginnt er zu fressen. Den drei Schweinen verteile ich die Haferflocken und einige Äpfel in ihre Schüsseln am Boden. Sie schlürfen mit Genuss und schieben mit ihren Nasen einen großen Teil des Inhalts über den Rand ins Stroh. Den vier neuen Hofbewohnern schmeckt es. Das stelle ich mit Zufriedenheit fest. Sancho hat sein Futter in wenigen Minuten verzehrt und beginnt von hinten, über die Schweine gebeugt, von deren Ration zu naschen. Susi, die Größte, grunzt unwillig und dreht sich um in Richtung Tür.

Warum sollte ich sie nicht nach draußen lassen? Was könnte passieren? Alles ist eingezäunt, mache ich mir selbst Mut und öffne die Stalltür. Ich bedauere, dass niemand mit mir diesen Augenblick teilt. Sancho schreitet gemächlich aus dem Stall. Die Schweine trotten behäbig hinterher.

Sicher ist es das erste Mal nach langer Zeit, dass sich ihnen eine Tür öffnet und sie frei sind, dahin zu laufen, wohin sie wollen. Sie bleiben vor dem Stall stehen und ziehen die Luft durch ihre unterschiedlichen Nasen ein. Die Schweine heben ihre feuchten, schwarzen Rüssel, an denen noch einige Reste der Haferflocken kleben. In Sanchos großen, dunklen Augen versinkt die Umgebung. Von seinem Blick mit einer unergründlichen Tiefe geht seit meiner ersten Begegnung eine besondere Faszination aus. Je nach Lichteinfall spiegelt sich die Welt in einem Blauschwarz seiner Pupille wider. Man schaut hinein wie in einen tiefen Brunnen. Bei den Begegnungen mit meiner Buche in dem naheliegenden Laubwald sah ich wenige Monate nach Klaus' Tod, wenn ich mit geschlossenen Augen an dem Stamm lehnte, ein ähnliches Auge, dunkel beruhigend. Eine Erklärung dafür fand ich nicht.

Eine Weile steht das Tier wie erstarrt in der neuen Umgebung. Ich wage kaum zu atmen. Dann dreht es den Kopf langsam nach links und nach rechts und – unerwartet hoppelt Sancho staksig los, krümmt den Rücken wie ein Wildpferd, macht einige Bocksprünge und galoppiert über den ehemaligen Reitplatz. Meine Freude über diese Ausgelassenheit vertreibt die Sorge, er könne den Zaun nicht erkennen und dagegen laufen. Sancho biegt den Hals nach unten zwischen die Vorderbeine und schlägt mit den Hinterbeinen wie ein Pferd aus. Er wird immer schneller und ausgelassener, und ich jubele innerlich. So habe ich es mir vorgestellt.

Ich stehe an einem Baum gelehnt, lächle und beobachte mein Lama. Mitten in der Bewegung stoppt es und scharrt an einer sandigen Stelle mit seinen zehenartigen Hufen, geht plötzlich in die Knie und wälzt sich darauf im Staub. Einen Moment bleibt es reglos liegen, um plötzlich aufzuspringen und mit den Hinterbeinen auskeilend loszurennen. Es kostet Bewegungen aus, für die im Zirkusgehege kein Platz waren. Am Zaun zu unserem Garten bleibt Sancho stehen, sieht zum Haus hinüber und stößt einen leisen, klagenden Ton aus, den er in kurzen Abständen wiederholt, fast wie von einem Vogel. Dann beginnt Sancho, am Zaun auf und ab zu gehen, erst langsam, dann im Trab, wie ein eingesperrtes Tier, das im Käfig hin und her läuft, als gäbe es nur diese Begrenzung. Aber Sancho ist frei. Ich stelle mich ihm in den Weg, um ihn von seinem Zwang zu befreien. Das ruhelose Tier macht einen Bogen um mich und setzt seine Tour wie aufgezogen fort.

„Vielleicht möchte er zu den Ziegen", überlege ich mir und gehe zu dem etwa 50 Meter entfernten Stall, um Edeltraut und Rosalinde, meine beiden Ziegen, zu holen, die mir neugierig folgen. Längst haben sie erkannt, dass sich ein neues Lebewesen auf ihrer Weide befindet, und es neugierig beobachtet. Sie folgen mir vorsichtig durch die Pforte, drängeln nicht wie sonst und behalten das fremde Tier im Auge. Sancho unterbricht seinen Lauf, geht auf die Ziegen zu, nimmt ihren Geruch in einiger Entfernung auf und begibt sich sofort wieder auf seinen Trampelpfad. Ich erkenne, dass ich mich oft ähnlich verhalte, wenn ich mich in eine Ansicht oder in ein Vorhaben „verrannt" habe. Dann erkenne ich nicht die anderen Möglichkeiten, die sich ergeben, wenn ich innehalten und mich besinnen würde. Vielleicht ist es diese Erkenntnis, die mich in diesem Moment wütend macht, darum treibe ich Sancho, in die Hände klatschend und laut rufend, vom Zaun fort. Er macht eine Galopprunde über die Weide, um am gegenüberliegenden Zaun einen neuen Pfad auszutreten. Ich bin enttäuscht.

„Warum rennst du am Zaun auf und ab?“, rufe ich ungeduldig, ohne nachzudenken, dass ein Tier, vor allem ein sensibles wie ein Lama, eine Zeit des Ankommens braucht. Sancho hat eine neue Freiheit bei mir, zwei Hektar Land, grüne Weiden, kleine Hügel, Wald und Auslauf, aber er ist entwurzelt, hat seine Gewohnheiten und Zugehörigkeit verloren. Der Zirkus war seine Heimat gewesen. Dort hatte er sich an den Gerüchen orientiert, an den Stimmen, den anderen Tieren, auch an der Enge seines Geheges. Falls es so etwas wie Abschiedsschmerz bei Tieren gibt, dann hat mein Lama das an diesem Sonntagmorgen.

Wenn sich unsere Erwartungen nicht erfüllen, sind wir enttäuscht. „War es richtig, das Lama und die Schweine aus ihrer vertrauten Umgebung zu holen?“, überlege ich mir. Ich habe Verantwortung für sie übernommen und mir bei meiner beruflichen Anspannung neue Pflichten aufgeladen. Außerdem würden sich zusätzliche Kosten durch das Futter und für den Tierarzt ergeben. Hatte ich das bedacht? Gerade fange ich an, meinen Traum zu leben auf einem Hof mit vielen Tieren, da scheint mich mein Mut zu verlassen. Überall sehe ich nur noch Probleme.

Noch mit Sanchos melancholischem Klageton im Ohr mache ich mich auf den Weg über die Weide und gehe zu meinem etwa 400 Meter entfernt liegenden Holzhäuschen. Mein „Neue-Schuhe-Gefühl“ hat mich längst verlassen. Ich will meine Freundin Walli im Allgäu anrufen, ihr von den

Neuigkeiten berichten und mir Trost holen, aber dafür ist es zu früh an diesem Morgen. Walli schläft gern ein wenig länger, außerdem ist sie sicher müde von der Arbeit im Krankenhaus. Schon vor der Tür höre ich das Telefon klingeln, und ich wundere mich, wer mich anruft. Es ist Ursel, meine Vermieterin und langjährige Freundin:

„Ich habe dich schon gesucht. Dein Lama läuft hier am Zaun ständig hin und her."

„ Ich weiß, ich kann es auch nicht ändern", antworte ich leicht gereizt.

„Deinen Schweinen habe ich Wasser hingestellt. Aber waren es gestern nicht drei? Ich habe heute nur zwei gesehen."

„Ja sicher, vielleicht ist eines irgendwo im Garten. Ich komme gleich und suche es."

Ich stelle den Herd ab, wo ich Teewasser aufgesetzt habe, und gehe zurück, um nach den Schweinen zu sehen. Weit brauche ich nicht zu gehen. Ich sehe, wie Harry, der Eber, außerhalb des Zaunes über das Feld marschiert, die Nase tief auf dem Boden und die kurzen Beine im gleichmäßigen Stechtrab. Ich rufe ihn, aber er reagiert nicht. Er läuft wenigstens nicht am Zaun hin und her, das ist auch ein Vorteil, beruhige ich mich. Wahrscheinlich hat er eine undichte Stelle im Zaun entdeckt und ist nach draußen gelangt. Festhalten kann ich den kugelrunden Burschen nicht. Wie auch? Und so trippelt er weiter in Richtung Straße. Ich sehe Harry schon in einen Verkehrsunfall verwickelt. Dabei ist er nicht einmal versichert.

„Es ist besser, gleich die Polizei zu verständigen", denke ich mir, gehe ins Haus zurück und rufe die Polizeiwache an.

„Mir ist ein Tier entlaufen“, sage ich, nachdem ich meinen Namen genannt habe.

„Dann melden Sie das am besten gleich dem Tierheim. Ist es ein Hund oder ein Pferd?“

„Ein Schwein, ein Hängebauchschwein.“

„Ein Schwein? Gut, ich benachrichtige die Kollegen. Wie war noch Ihr Name?“

Ich wiederhole ihn.

„Wie der Rechtsanwalt?“

„Ja, das war mein Mann.“

„Den kannte ich gut“, meint der Beamte, „und Sie haben ein Schwein?“, fragt er nach. Das passt wohl nicht in seine Vorstellungen von einer Anwaltswitwe.

„Ja, drei, aber eines ist gerade entlaufen, weil es noch fremd ist. Aber es ist harmlos, auch wenn es lange Hauer hat.“

„Wenn wir etwas hören, melden wir uns. Dann passen Sie mal gut auf die anderen auf.“

Inzwischen ist es fast 9 Uhr, und ich wähle Wallis Nummer im Allgäu. Sie ist gleich am Telefon.

„Walli, ich habe ein Lama vom Zirkus.“

Walli hat lange vor mir das verwirklicht, wovon ich immer geträumt hatte: einen Hof im Allgäu mit Ziegen, Haflingern, Eseln, Katzen, Hunden, Gänsen. Ihr Mann arbeitete in seiner Praxis als Psychotherapeut, während sie sich mit einer mitreißenden guten Laune und Unkompliziertheit um ihre drei Kinder und die Tiere kümmerte. Beim Ausmisten des Stalles sang sie laut die Schlager aus dem Kofferradio mit, das lautstark und knarrend über den ganzen Hof schallte. Nicht ganz so laut ertönt heute von morgens bis abends meine Hühnerdisco, ein Radio in der Futterkammer mit herrlicher

Musik. Von Klassik bin ich auf Schlager umgestiegen, dabei kann man herrlich mitsingen und bekommt sofort gute Laune. „Über den Wolken“ von Reinhard Mey ist fast täglich zu hören, wie die gängigen Songs ab 1970 von Vicky Leandros, Udo Jürgens aber auch die neuesten von Andrea Berg.

Manche Besucher wundern sich über die stimmungsvolle Musik auf meinem Hof und fragen nach. Ich erkläre dann, diese Hühnerdisco halte nicht nur mein Federvieh bei Laune, sondern gleichzeitig den Bussard fern. Dass ich diese Schlager gern mitsinge und manches Mal an meine Walli dabei denke, erwähne ich natürlich nicht.

Bei unserem ersten Wiedersehen nach vielen Jahren sog ich diese Idylle auf dem Allgäuer Hof ein. Wir ritten zusammen aus, und Vicky, die knapp sechs Jahre alt war, hoppelte auf einem Esel hinterher. Walli und ich kriegten bei diesem Anblick einen Lachanfall, dass wir uns wir kaum auf den Pferden halten konnten. Nach dem Ausritt gab es ein herrlich deftiges Essen und selbst gemachten Apfelmost. Wir saßen in ihrem Bauerngarten, sahen auf die Alpen, hörten die Geräusche der Tiere, genossen unser Beisammensein und lachten immer wieder bei der Erinnerung an unsere Jugenderlebnisse, die wir aufblätterten wie ein zerlesenes Lieblingsbuch.

Inzwischen sind ihre Kinder erwachsen. Nach dem Schlaganfall ihres Mannes, der sich davon nie richtig erholte, mussten sie ihren Hof verkaufen. Walli arbeitete wieder in ihrem alten Beruf als medizinische Assistentin in der Klinik und übernahm vor allem die Nachtschichten. Sie mieteten ein uriges Holzhaus, in dem sie zu einem Zeitpunkt starb, gerade als ich begann, den Traum meiner Kindheit zu verwirklichen.

Ich hatte so viele Pläne, in die ich meine liebste Jugendfreundin so gern einbeziehen wollte, fast so, als wollte ich die vergangene unbeschwerte Zeit noch einmal zurückholen. 30 Jahre später stehen nun bei mir zwei Haflinger im Stall und hören Roger Withaker wie damals Wallis Pferdchen. Das Leben ist wirklich ein Karussell, immer in Bewegung. Nur drehe ich diese Runden inzwischen ohne einige geliebte Menschen und Tiere. Tröstend ist, dass viel Platz auf diesem Gefährt ist und immer wieder neue mit aufspringen...

„Ein Lama?", sagt Walli mit einer matten Stimme, während wir telefonieren „wie schön, das hätte ich auch gern gehabt", und eine Traurigkeit klingt mit, die die Zukunft ausschließt.

„Wie sieht dein Lama aus?"

„Bildschön, schwarzweiß", beginne ich zu schwärmen und lenke dann ein, „ aber zur Zeit rennt es wie aufgezogen am Zaun hin und her."

„Das gibt sich. Es ist noch fremd bei dir und kann noch nichts mit seiner Freiheit anfangen. Du musst ein bisschen Geduld haben."

Dieser Zuspruch und dieses Verständnis, das Walli immer, wirklich immer für mich hat, sind wohltuend.

„Wann kommst du, mein Lama anzusehen, und damit wir wieder lachen können?", frage ich und habe Sehnsucht nach meiner Freundin.

„Bestimmt bald."

„Walli, dein „ bestimmt bald" kenne ich. Wann?", will ich sie festlegen, was mir nie gelungen ist.

„Du weißt doch, dass ich hier schlecht wegkomme, alle brauchen mich." Sie lenkt mich mit einer Frage ab:

„Was ist übrigens mit der Baugenehmigung für dein Häuschen. Gibt es etwas Neues?"

Nachdem die Miete für die eine Haushälfte bei Ursel, wo ich mehr als zehn Jahre mit Klaus gelebt hatte, für Johanna und mich kaum noch erschwinglich ist und ich mich nach einer räumlichen Veränderung als Neuanfang sehne, habe ich mich bemüht, eine Genehmigung für den Ausbau meines kleinen Holzhäuschens zu bekommen. Leider ohne Erfolg, da sich das Haus im Landschaftsschutzgebiet befindet.

„Ich habe erst mal so etwas wie eine Ablehnung, jedenfalls vorläufig. Aber ich werde es weiter versuchen."

„Du wirst es sicher schaffen, wenn du es willst."

Ich glaube selbst fest daran. „Ja, natürlich will ich. Nur der ganze Bürokratismus ist so schwierig. Jetzt muss ich Schluss machen. Jemand ruft im Garten nach mir, tschüs Walli."

„Ade Mariachen", sagt sie. Niemand sonst nennt mich so. Es ist wie ein Streicheln.

Karina, meine Nichte, die auf dem Grundstück neben meinem Gartenhaus wohnt, steht vor der Haustür, doch nicht allein. Um „Harrys" dicken Bauch hat sie eine Hundeleine gebunden. Energisch und mit aller Kraft hält sie den unwillig grunzenden Eber energisch fest.

„Das ist sicher dein Schwein", sagt sie in ihrer trockenen, humorvollen Art, als würde sie einen geliehenen Spaten zurückbringen oder ein entlaufenes Huhn.

„Danke Karina. Super, dass du ihn eingefangen hast", meine ich erleichtert und gemeinsam schieben und ziehen wir den dicken sperrigen „Harry" zurück in den Stall.

„Sancho“ läuft indessen immer noch am Zaun entlang.

„Da hast du dir aber viel vorgenommen“, meint Karina.

„Wieso?“

„Na, die vielen Tiere, das ist sicher nicht einfach…“

„Was heißt einfach?“, frage ich eher ein wenig erschöpft „es ist nie leicht, seine Träume zu verwirklichen, aber wenn man sich einmal entschieden hast, muss man auch durchhalten.“

Karina antwortet nicht.

Ich erinnere mich daran, wie sie vor einigen Monaten mit Begeisterung von einer Weltreise gesprochen hatte. Ihre Familie und Freunde staunten über den mutigen Entschluss, als junge Frau allein dieses Abenteuer zu unternehmen. Dann hat Karina das kleine Haus mit dem großen Grundstück neben mir mieten können und Peppi, den Hund ihrer Schwester, die diesen dringend abgeben musste, übernommen. Außerdem wurde ihr eine Arbeit in ihrem Beruf als Forstwirtin angeboten. Einige Wochen zuvor hatte Karina in einer Bäckerei gejobbt und in einer rosa karierten Schürze, die wie eine Verkleidung bei ihr wirkte, Kuchen, Brot und Brötchen verkauft, als sich diese berufliche Chance bot. Sie sagte zu. Von ihrer Weltreise erzählt Karina seitdem nichts mehr. Träume sollten man nicht konservieren, dann verlieren sie an Frische.

Mutgedanke

Es ist mutig, Veränderungen zu wagen und diese mit allen Konsequenzen anzunehmen, auch wenn sich anfangs nicht unsere Erwartungen erfüllen.

KAPITEL 5

Der Stein

Mein Lama nimmt in den nächsten Wochen das Land hinter unserem Haus und den Stall als seinen neuen Lebensraum an. Immer seltener begibt es sich mit dem klagenden Ton auf seinen Trampelpfad am Zaun, doch behält es seine Scheu vor mir. Berührungen lässt es nicht zu, und es weicht, wenn ich mich ihm nähern will. „Sancho“ zupft am Gras auf der Weide, zermalmt die Halme im gleichmäßigen Rhythmus zwischen seinen Zähnen und liegt dann wiederkäuend im Gras nahe bei den Ziegen und Schweinen. Die Spaziergänger bleiben am Zaun stehen und staunen über die fremdartigen Tiere am Wald.

Der Waldkindergarten besucht die Tiere fast alle paar Tage, und die Kleinen füttern die Tiere mit Brot und Obst. Die Schweine schieben sich dabei gegen den Zaun, der ihrem Gewicht nicht standhält. So muss ich ihn neu befestigen lassen. Abends lassen die Tiere ihr Futter im Stall liegen, weil sie zu viele Leckereien bekommen haben. Nun ist meine Aufgabe, den Kindern und Spaziergängern zu versagen, die Tiere zu füttern. Ich habe noch nie ein Verbotsschild geschrieben. Das fällt mir ebenso schwer, wie manchmal „nein“ zu sagen. Mir scheint es wichtig, dass man mich für großzügig und freundlich hält. Ich möchte jedem gefallen.

Zaghaft fange ich an, meine Wünsche zu äußern. Den Text auf dem Schild formuliere ich einige Male neu, um niemanden zu verletzen, bis ich schreibe: „ Bitte die Tiere nicht füttern. Kolikgefahr! Vielen Dank!“

Der Weg in ein neues Leben ist nicht einfach. Unerwartet tauchen immer wieder Hindernisse auf; das wird mir täglich bewusst. Die Tiere auf der Weide vermitteln bei Sonnenschein eine romantische Idylle, aber schon bei Regenwetter und erst bei klirrender Kälte sieht alles anders aus. Meine wichtigsten Kleidungsstücke werden von nun an Gummistiefel, um bei Regen nicht bis zu den Knöcheln im Matsch zu versinken. Das tägliche Füttern ist noch keine Gewohnheit. Die körperliche Arbeit, wie das Tragen der Wassereimer, ist ziemlich schwer. Ich wundere mich, warum ich dabei atemlos und erschöpft werde. Bisher habe ich mich für sportlich und belastbar gehalten. Statt mich bei der täglichen Begegnung mit den Tieren zu entspannen, fühle ich mich manchmal überfordert. Die Ziegen bedrängen mich, wenn ich mit dem Futtereimer komme, sodass ich mich ihrer schwer erwehren kann. Das Lama beginnt die Hängebauchschweine zu bedrängen, weil es als junger Hengst erste Frühlingsgefühle bekommt. „Harry“ schubst das Lama dann mit dem Kopf weg und verletzt es dabei mit seinen messerscharfen Hauern am Hals, der heftig blutet. So sperre ich die Schweine in einen anderen Auslauf. Doch nun scheinen die vier Tiere, die im Zirkus eng zusammengelebt haben, deutlich unzufrieden über diese Trennung und stehen stundenlang wartend vor der Pforte. Mir kommen Zweifel, ob ich alles richtig mache. Bei so einer bunten Schar muss man das Talent eines Krisenmanagers haben. Organisieren war leider noch nie meine Stärke.

Dennoch soll mein kleiner Tierpark weiter wachsen, es gibt ja noch genug Platz auf der Weide und natürlich in meinem Herzen.

Mein Vorhaben, Tiere aufzunehmen, die bisher kein gutes Leben geführt haben, nimmt von nun an eine merkwürdige Wende. Nicht ich suche diese Tiere aus, sondern sie finden mich, so die pommerschen Graugänse: Bei einem Fototermin auf einem Reiterhof fällt mir eine riesige graue Gans auf, die aufgebracht mit lautem Rufen und ausgebreiteten Flügeln über eine Weide hin und her läuft. Die Besitzer erzählen, ein Fuchs habe die anderen Gänse vom Hof geholt, und nun sei der Ganter, der nun schon seit Wochen trauert, allein. „Sie können ihn haben, sonst werden wir ihn schlachten müssen", sagt man mir. So frage ich nach einer Kiste, in die wir „Anton", wie ich den Ganter nenne, stecke und in das Auto von Ursel schaffe, die mich begleitet hat. Auf der Rückfahrt befreit sich das Tier aus seinem Karton und richtet sich auf der Hutablage ein, wo es Kleckse hinterlässt, die von der Ablage über die Rückenlehne fließen und so übel riechen, dass ich mich bemühe, flach zu atmen. „Riechst du das auch?",fragt Ursel. „Nö", lüge ich mit einem Würgegefühl im Hals. „Ich rieche nichts." „Mit dir fahre ich nie wieder irgendwo hin, man weiß nie, was passiert", schimpft Ursel. Es dauert eine knappe Stunde, die Flecken zu entfernen. Der Geruch bleibt noch eine Weile.

„Anton" setze ich zunächst in den leer stehenden Pferdestall, wo er nicht aufhört, klagend zu schnattern. So laut war mir sein Rufen auf dem Reiterhof nicht erschienen. Bei uns klingt es wie Trompetentöne, worauf schon bald ein Nachbar, eher interessiert als genervt, fragt, was für merkwürdige Töne von unserem Grundstück erklängen. Es bleibt für mich ein Phänomen, welche ungeheuer lauten Geräusche Gänse hervorbringen können.

„Anton“ braucht für sein Wohlbefinden die Gesellschaft von Artgenossen und einen Teich. Das ist mir klar, und der Zufall bringt schon bald eine Lösung. Auf dem Nachbargrundstück eines Imkers, wo wir für unseren Heidefilm Dreharbeiten machten, entdecke ich zwei pommersche Gänse. „Unsere Nachbarin liegt im Krankenhaus, und darum müssen die Gänse, die wir zur Zeit versorgen, leider weg!“, meint die Frau des Imkers. Und wieder packe ich einen Pappkarton, dieses Mal mit zwei Gänsen in mein Auto, den ich sorgfältig mit einer Schnur zubinde. In den Kofferraum lade ich noch eine verwitterte Holzbank „Was für ein uriges altes Stück,“ meine ich. „Die alte Schlachtbank können sie gern mitnehmen, die wollen wir sowieso verbrennen,“ sagt die Bäuerin. Zuhause stelle ich die Bank für meine beiden Ziegen auf die Weide und befestige ein schräges Brett daran. So wird es eine Art Klettergerüst, über das die beiden ständig balancieren. Etwa zwei Jahre später wird dieses urige Möbelstück als Esstisch ein gemütlicher Mittelpunkt in meinem neuen Häuschen.

Beim Verabschieden meint der Imker, wenn ich schon so viele Tiere hätte, käme es doch auf eines mehr oder weniger auch nicht an. Er suche noch Abnehmer für seine jungen Katzen. Johanna liebt Katzen, vor allem kleine, schießt es mir durch den Kopf. Außerdem, sage ich mir, sollte man im Stall wegen der Mäuse immer eine Katze halten. So gehe ich noch einmal zurück in das Haus und schaue mir die Kätzchen an. Sie liegen eng zusammengekuschelt an ihrer Mutter in einem Körbchen und schlafen. Ein schwarzweißes Katzenkind wird wach, streckt sein Köpfchen hoch und in dem Moment gehört es zu uns. Vorsichtig hebe ich es hoch, schmiege es an meine Wange und flüstere ganz leise, als wenn ich die anderen nicht wecken möchte:„ Kommst du mit mir kleines Kätzchen?" Was bleibt ihm anderes übrig? Es gähnt mich an und noch ehe es sein Mäulchen schließt, lege ich es in eine kleine Kiste. Nicht lange nachdenken, sage ich mir selbst Mit den zwei Kartons, in denen sich dieses Mal zwei Gänse und ein kleiner Kater befinden, und der Holzbank im Auto, fahre ich zu Hause vor, wo Ursel gerade im Vorgarten ihre Rosen düngt.

„Du bist nicht gescheit", meint sie zu meinen „Mitbringseln". Aber mit den passenden Erklärungen, dass „Anton" dringend Gesellschaft haben müsse und eine Katze im Stall wirklich wichtig sei, vertreibe ich ihre Bedenken.

Immer wieder ertappe ich mich dabei, dass ich mich für mein Handeln rechtfertigen will, doch die Zeit des Verbietens ist vorbei. So hilft Ursel mir dann auch die beiden Gänse unserem „Anton" zuzuführen. Bei einer der Gänse handelt es sich jedoch um einen Ganter. Dieser wurde bald so aggressiv, auch uns Menschen gegenüber, dass ich ihn an eine befreundete Tierärztin verschenke. Zumindest ist er nicht im Bratofen gelandet, und das war mir wichtig. „Anton" hat nun genug getrauert, und nachdem er die hübsche Gans einige Male zwickt, nimmt er sie als neue Gefährtin an. Ich nenne sie „Heike", nach meiner Freundin. Leider sehen wir uns zu selten. Aber immer wenn ich jetzt die Gans Heike anspreche, verbinde ich damit auch die Freundschaft und schon stellen sich gute Gefühle ein. Anfangs stellte ich eine große Schüssel mit Wasser in den Auslauf der Gänse. Sie tauchten mit ihren Köpfen hinein und kippten die Schüssel bei dem Versuch, hineinzusteigen, ständig um. So besorge ich ein Kinderplantschbecken, was sich als viel zu klein erweist. Ich bin unzufrieden damit und kaufe im Baumarkt eine Teichform aus schwarzem Kunststoff. Mühsam hebe ich mit dem Spaten ein Loch aus, während mich die Gänse mit langen Hälsen beobachten. Am schwierigsten ist es, das Becken gerade ins Erdreich zu bekommen. Immer wieder muss ich nachgraben. Endlich ist das Becken mit Wasser gefüllt, da wollen die Gänse alle zusammen hinein- steigen. „Anton“ schaffte es zuerst, und seine Zufriedenheit, endlich im Wasser zu sein, erwärmt mein Herz vor Freude, doch nur kurze Zeit; denn, dieses Becken ist viel zu klein für die riesigen Gänse. Nach zwei Tagen verwandelt sich das Wasser in eine unansehnliche grünbraune Brühe. Die Gänse streiten sich dennoch ständig um einen Platz in diesem Mini-Nass. Nicht umsonst haben sie Füße zum Schwimmen und vor allem das dringende Bedürfnis aller Wasservögel, ins kühle Nass abzutauchen, was nun mal ihr wahres Element ist. Ich muss eine Lösung finden, und das bedeutet, einen Teich zu bauen.

„Hätten Sie zwei Stunden Zeit?“, spreche ich ein paar Tage später einige Männer an, die in unserer Straße mit einem großen orangefarbenen Bagger einen Graben für die Kanalisation ausheben.

„Warum?“, wundert sich einer von ihnen.

„Ich brauche eine Grube für einen Teich.“

„Wie groß soll der werden?“

„Etwa so“, sage ich und wandere eine Strecke von etwa zehn mal fünf Metern auf der Straße ab.

„So groß?“, sagt einer der Männer, „das geht nicht in zwei Stunden. So was müssen Sie auch mit dem Chef besprechen.“

Ich lasse mir die Telefonnummer geben und verhandle mit dem Chef. Er wollte sowieso zur Baustelle in unserer Straße und wenig später begutachtet er mein Gelände. „Das kriegt man hin“, meint er und wir einigen uns auf einen Preis. Drei Tage später beginnt der Baggerfahrer die Kuhle auszuheben. Ich stehe daneben, überhöre das nervige Motorengeräusch und sehe schon meine Gänse in klares Wasser abtauchen. Dann schweigt der Bagger abrupt. Die Schaufel ist plötzlich auf einen Widerstand gestoßen. Der Baggerfahrer springt von seinem Sitz und betrachtet das Hindernis, einen riesigen Findling aus der Eiszeit, den man in dieser Gegend öfter in der Erde vorfindet. Gemeinsam legen wir mit Schaufeln und Spaten das Hindernis frei und staunen. Denn es handelt sich um einen ungewöhnlich großen Findling.

„Der ist zu schwer, den kriege ich nicht weg“, stellt der Baggerfahrer schließlich fachmännisch fest.

„Und jetzt?“, frage ich ratlos und sehe mein Vorhaben, einen Teich für die Gänse zu bauen, schon als gescheitert an. Wir unterbrechen die Arbeit und ich koche Kaffee. Dabei überlege ich mir, dass die Grube für den Teich um einige Meter verlegt werden könnte. Das würde ein oder zwei Stunden an Zeit und etwas mehr Geld kosten, aber es wäre möglich. Mein Vorschlag wird akzeptiert und nach der Kaffeepause geht die Arbeit mit neuem Schwung weiter. Der ausgehobene Boden wird gut 20 Meter weiter auf der ehemaligen Reitbahn als halbrunder Wall angeschüttet und der Stein darf einfach liegenbleiben. Während der Bagger nach getaner Arbeit abfährt, ziehe ich mich um für einen Termin in Hamburg. Ich halte kurz bei den Männern vom Straßenbau, die wieder an dem Graben arbeiten und dabei von „meinem“ Baggerfahrer unterstützt werden. Ich halte neben dem Baufahrzeug, bedanke mich und will ihm die verabredete Summe übergeben. Der Mann mustert mich kurz von oben bis unten, während ich meine:

„Sie bekommen noch Geld von mir“,

„Von Ihnen?“, fragt er erstaunt.

„Ja, Sie haben doch vorhin die Grube für den Teich bei mir ausgehoben.“

„Das waren Sie?“

„Ja, ich habe mich nur umgezogen. Noch mal herzlichen Dank“, sage ich und gebe ihm das Geld in seine erdigen Hände.

„Okay“, brummelt er wie ein Cowboy.

Auf der Autofahrt überlege ich mir, ob ich mich umgezogen oder eher verkleidet habe. Wer bin ich wirklich? Die Frau, die im Kostüm und mit High-Heels in die Stadt zu einer Besprechung fährt oder die in Arbeitskleidung mit Gummistiefeln und Hut auf dem Land arbeitet? Für meine berufliche Tätigkeit ist manchmal eine entsprechende Aufmachung notwendig. Aber kaum bin ich wieder zu Hause, schlüpfe ich in meine praktische Arbeitskleidung. Herrlich.! Darin fühle ich mich wohl.

Es dauert dann zwei Tage und zwei Nächte, bis der Teich, der mit einer Folie ausgelegt wurde, mit Wasser voll gelaufen ist. Endlich treibe ich die Gänse vom Garten auf das Pachtland zu ihrem ersten Badevergnügen. Vorsichtig watscheln sie in den Teich und kaum drin veranstalten sie dort ein ausgelassenes Schwimmfest. Alle Schwerfälligkeit, die Hausgänse an Land zeigen, fällt von ihnen ab. Sie tauchen quer durch den Teich wie Delphine und flattern dann über die Oberfläche, wobei nur ihre Füße das Wasser leicht berühren.

Ich jubele innerlich und grinse über das ganze Gesicht, als ich sehe, wie wohl sich meine Gänse in ihrem Element fühlen und sie ihre natürlichen Fähigkeiten entfalten.

Dabei erinnere ich mich an die Begegnung vor vielen Jahren mit dem Verhaltensforscher Professor Dr. Konrad Lorenz. Mit meinem Vater hatte ich den bekannten Wissenschaftler besucht. Alle Veröffentlichungen über seine Erfahrung mit Graugänsen hatte ich fasziniert gelesen. Ich war damals 19 und auf der Suche, einen Beruf zu finden, der irgendwie mit Tieren zu tun haben könnte. Auf das Treffen mit dem bekannten Verhaltensforscher war ich gespannt. Wir trafen den Professor in seinem Büro. Er saß an seinem Schreibtisch vor einer Wand, in die ein riesiges Aquarium eingelassen war. Fast unwirklich stand ein ungewöhnlich großer silberner Fisch im Wasser, was so unwirklich und unbeweglich wie ein Gemälde wirkte. Professor Lorenz stellte uns nach einem kurzen Einführungsgespräch über seine Arbeit bei einem Rundgang über das Gelände in einem Gewächshaus einen seiner wissenschaftlichen Mitarbeiter vor. Ich sah ihm über die Schulter zu, während er über ein Mikroskop gebeugt saß und die Flügel eines angeblich seltenen blauen Falters untersuchte. In einem Käfig daneben flatterten etliche von ihnen.

Die Arbeit und die Studien mit den Graugänsen auf dem Hofgelände und am Wasser waren ein Teil der Arbeit des Institutes, das Untersuchen der Schmetterlingsflügel ein anderer. Was erwartete mich, wenn ich mich entscheiden würde, Verhaltensforscherin für Tiere zu werden? Niemals würde ich den ganzen Tag in einem Labor verbringen und Schmetterlingsflügel oder Insektenbeine untersuchen wollen. Mein Entschluss stand fest, ich wollte Journalistin werden und auch über Tiere schreiben.

Heute weiß ich, „Heike“ und „Anton“ gewährten mir viele Jahre mehr als nur einen Einblick in die Verhaltensweise von Gänsen. Wenn ich mich – endlich angekommen auf dem kleinen Hof – zu ihnen hocke, versinke ich beim Blick in ihre dunklen Augen mit der orangefarbenen Umrandung für kurze Momente ohne Raum und Zeit. Dabei vergesse ich auch die blauen Flecken, die ich anfangs durch ihre Bisse bekommen habe.

Wie bei den anderen Tieren dauert es eine geraume Zeit, bis sie mir vertrauen und sie ihre Verletzungen durch Menschen nicht mehr in Verbindung mit mir bringen, schließlich gehöre ich ja auch zu dieser „Gattung“ . Diese Zuneigung und Vertrautheit , die auch bleibt, wenn ich sie bei Krankheiten behandeln und bedrängen muss, ist ein Geschenk für mich. Ihre Zuwendung, die kein Ersatz für die Liebe eines Partners ist, was einige vermuteten, seit ich allein lebe, ist frei von jeder Berechnung. Ich habe Respekt vor der Eigenart jedes einzelnen Tieres, versuche ihnen ein artgerechtes Leben zu geben, gutes Futter und einen trockenen Stall. Ich wünsche mir für meine Tiere ein schönes Dasein. Wenn ich spüre, sie fühlen sich wohl, dann finde ich bei ihnen, wenn sie sich in der Sonne wärmen, wenn sich unsere Blicke treffen und wir zusammen zufrieden sind, für eine Weile, ein kleines Stück vom Himmel.

Mutgedanke

Es ist mutig, Steine, die auf unserem Weg liegen, wegzuräumen oder über sie hinwegzusteigen. Wenn wir das geschafft haben, öffnen sich neue Wege und Möglichkeiten. Umzukehren, wenn wir gegen ein Hindernis stoßen, wäre verkehrt.

KAPITEL 6

Die Krankheit

Der Bau des Teiches kostet mich Kraft. In jeder freien Stunde arbeite ich an der Umrandung. Die unschöne Folie bedecke ich mit Mutterboden, Grasplacken und ganz zum Schluss Feldsteine, die ich auf dem angrenzenden Feld sammele und mit der Schiebkarre mühsam herankarre. Dabei überhöre ich, wenn mein Körper sich meldet. Manchmal rast mein Herz oder ich fühle mich einfach nur schlapp. Statt mir mehr Ruhe nach der schweren Zeit während Klaus' Krankheit und seinem Tod zu gönnen, mich einfach mal hinzusetzen und zu lesen, will ich mir beweisen, dass ich belastbar und stark bin. Ich möchte mich spüren, indem ich an meine körperliche Grenzen gehe, ich möchte leben und auf meinem mir bestimmten Weg weitergehen. Für Johanna bin ich nun allein verantwortlich als Mutter und Vater, gewissermaßen. Abends gehe ich spät schlafen, oft weit nach Mitternacht. Die ruhigen Stunden, wenn kein Telefon mehr klingelt, kein Tier Futter braucht, Johanna schläft und ich keine Ablenkungen mehr finde, die mich vom Schreiben abhalten, verbringe ich am Schreibtisch. Oft telefoniere ich mit meiner Mutter und ich reagiere gereizt, wenn sie meint: „Schon dich doch bloß mal ein bisschen."

„Mutti, schoooonen, das kann ich immer noch, wenn ich tot bin.“

So schlafe ich zu wenig, arbeite viel und esse unregelmäßig. Dabei merke ich kaum, dass ich immer hochtouriger laufe, mich kaum entspannen kann und überreagiere bei den ständig neu auftauchenden Nachlassproblemen. In mir breitet sich manchmal Angst aus, die nachts zu Panikattacken wird, dass ich mein Leben nicht allein meistern kann und alles zu viel wird. Die Vorstellung, ich könnte krank werden, kein Geld mehr verdienen und meine Tochter, meine Mutter und die Tiere nicht mehr versorgen, bereitet mir Dauerkopfschmerzen.

Mit Schüttelfrost und hohem Fieber beginnt eines Morgens eine Krise. Ich glaube eine Grippe zu bekommen und fühle mich zu schwach zum Aufstehen. Ich nehme eine Aspirin und verkrieche mich immer tiefer unter meine Bettdecke. Das Fieber sinkt nicht. Wie oft hatte Klaus während seiner Krankheit über eine Schwäche geklagt, die ihn oft mehr quälte als die Schmerzen. Ich beginne ihn zu verstehen. Ich habe nicht mehr die Kraft, die Tiere zu versorgen, und bitte Ursel und Johanna, sich um sie zu kümmern. Zur Decke starrend grübele ich darüber, ob sie auch alles bedacht haben: das Trinkwasser frisch nachzufüllen, beim Schweinefutter das Leinöl nicht zu vergessen, für „Sancho“ genug Heu aufzuschütten, weil er als Wiederkäuer Raufutter braucht. Diese Sorgen verwässern sich immer mehr in eine träge Gedankenlosigkeit. In den nächsten Tagen werde ich immer teilnahmsloser und ich gebe mich diesem Zustand hin. Zum ersten Mal in meinem Leben kämpfe ich nicht, wehre mich nicht und lasse das Müdesein zu. Das Fieber steigt, und zwischen dem Dahindämmern und einem unruhigen Schlaf sehe ich eines Morgens einen alten Mann in meinem abgedunkelten Zimmer neben dem Fenster stehen. Er verhält sich ganz ruhig, scheint auf mich zu warten. Sein Erscheinen beunruhigt mich nicht, ich denke an Johanna und die Tiere. Würden sie ohne mich zurechtkommen?

In einem wachen Zustand fällt mir ein, dass ich einen Abgabetermin für einen Artikel versäumt habe. Es handelt sich um einen Bericht über ein Sterbehospiz. Vor gut zwei Wochen hatte ich während des Besuchs in diesem Haus, wo Menschen die Zeit bis zu ihrem Tod verbringen, den leitenden Mediziner gefragt, ob hier jeder, zum Beispiel auch ich, aufgenommen würde.

„Natürlich", hatte er geantwortet, „aber Sie sehen nicht so aus, als wenn Sie in nächster Zeit zu uns kommen."

Wie schnell kann sich im Leben alles ändern. Ich fühle mich schwer krank und stelle eines Morgens im Spiegel mit Erschrecken fest, dass sich meine Augen verändert haben. Sie liegen tiefer als sonst in den Augenhöhlen. Ich bin nicht mehr ich. Ursel bringt mir Kartoffelbrei und Karottengemüse, mein Lieblingsessen ans Bett; doch ich lasse das Essen stehen. Als nach sechs Tagen keine Besserung eintritt und ich immer noch matt mit Fieber im Bett liege, weiß ich, dass ich zum Arzt muss.

Meine Freundin, die Ärztin Kathrin, die Klaus durch seine schwere Krankheit begleitet hatte, ruft mich mehrmals an und besteht schließlich darauf, dass ich ihre Praxis aufsuche. So folge ich endlich ihrem Rat, und da ich mich inzwischen kaum auf den Beinen halten kann, fährt mich

Ursel dorthin. Das Blutbild zeigt so schlechte Werte, dass ich sofort ins Krankenhaus überwiesen werde.

Hier war Klaus vor drei Jahren gestorben, und alles in mir sträubt sich, nun selbst als Kranke hineinzugehen. Mein Widerstand zerbricht an meiner Schwäche. Drei Tage lang bekomme ich durch eine Infusion Antibiotika, und das Fieber sinkt. Ausgiebige Untersuchungen bringen keine Diagnose, und die Ärzte rätseln, was die Ursache für meine Erkrankung sein könnte. Meiner Bettnachbarin, einer alten Dame, die wie meine Mutter Edith heißt und mich auch an sie erinnert, verdanke ich, dass ich nach einer Woche das Krankenhaus, wenn auch auf eigenen Wunsch, aber fieberfrei und mit passablen Werten verlasse. Edith war gestürzt und wollte nur ihren Brustkorb röntgen lassen. Zwei Wochen lang war sie daraufhin „auf Herz und Niere" untersucht worden. Als bei mir die ersten Untersuchungen begannen und weitere geplant waren, meinte sie vom Nebenbett:

„So hat es bei mir auch angefangen. Jetzt liege ich schon 14 Tage hier. Inzwischen fühle ich mich schon richtig schwach und krank. Wenn ich doch nie gekommen wäre. Ich möchte nach Hause".

Ich will nicht in diese Tretmühle der Untersuchungen geraten. Mir wird klar, dass mein Lebenswille und mein Glaube, wieder gesund zu werden, mich heilen würden. Ich habe viel vor. So bedanke ich mich bei allen Schwestern und Ärzten und gehe nach Hause, allerdings noch schwach und blass, was auch noch lange andauern sollte.

„Du hast Glück gehabt", meint meine Freundin Walli, „du hättest auch in ein Leberkoma fallen können."

„Und dann?“, frage ich.

„Dann schläft man ein. Für immer“.

Ich erinnere mich an die Erscheinung des Mannes neben meinem Bett und weiß erst im Nachhinein, wer das gewesen war. Ich fühle, ich habe eine neue Chance bekommen, und die will ich nutzen. Jetzt erst recht!

Dabei kommt mir eine Begegnung zu Hilfe, die mir viel Kraft und vor allem eine neue Gesundheit auf meinem Weg in das neue Leben gibt.

Mein Kollege und jahrelanger Freund Uli hat mich, bevor ich krank wurde, etliche Male aufgefordert, ihn nach Gifhorn zu begleiten, wo er sich von einer Heilpraktikerin behandeln ließ. Er konnte mir die Behandlungsweise nicht überzeugend vermitteln, zudem liegt Gifhorn fast 200 Kilometer von uns entfernt. Doch es sollte zu einem zufälligen Treffen kommen. An einem sonnigen Nachmittag, als Vicky und ich von einem Gespräch mit einem Sponsoren für mein Buchprojekt „ Himmelhoch und erdentief“ über Bäume von Hamburg nach Hause fahren, rufe ich von unterwegs Uli an.

„Wo bist du?“, frage ich ihn, der als freier Journalist ständig unterwegs ist.

„In Hamburg. An der Alster gegenüber vom Literaturhaus.“

„Was für ein Zufall, wir sind nur fünf Minuten entfernt. Bestell schon mal einen Kaffee. Wir kommen gleich“, freue ich mich.

Uli sitzt nicht allein unter einem Sonnenschirm. Neben ihm trinkt eine mir nicht bekannte Frau an einem Eiskaffee. Es ist Sabine Linek, die Heilpraktikerin aus Gifhorn. Eine

Weile mustern wir uns und kommen dann ins Gespräch. Sabine ist mir auf ihre ruhige Art sofort sympathisch, beinahe vertraut. Sie erzählt von ihrer Arbeit und einer eigenen Therapiemethode; das interessiert mich auch beruflich und so verabreden wir einen Termin in ihrer Praxis. Beim nächsten Besuch in Gifhorn will ich Uli begleiten, und das ist schon eine Woche später.

Sabine hat sich auf die Dunkelfelddiagnostik, eine Untersuchung des Blutes, spezialisiert und eine eigene Therapie aus Ozon, isopathischen, spagyrischen und homöopathischen Mitteln entwickelt. Mit ihrem besonderen Talent, in einem Blutstropfen den ganzen Körper des Menschen sowie seine kranken Organe zu erkennen, und der Gabe, kranken Menschen Mut zu machen, hat sie vielen Menschen geholfen. Inzwischen kommen täglich viele Menschen aus der ganzen Welt zu ihr und werden in ihren Praxen in Gifhorn und inzwischen auch in Travemünde nach der Diagnose von einem Team behandelt. Da ich später auch über sie berichte, spreche ich mit einigen ihrer Patienten, und es ist beeindruckend, mit welchen unterschiedlichen Krankheiten sie kommen. Bei der Behandlung nach Professor Dr. Günther Enderlein geht es darum, das Blut in einen guten, gesunden Zustand zurückzuentwickeln, damit es die Zellen und die Organe wieder besser versorgt.

Beim ersten Mal sitze ich nun vor ihrem Schreibtisch und sehe mit Schrecken auf den Monitor in mein Blut, das an einen trüben Tümpel erinnert.

„Dir geht es nicht gut“, meint Sabine, und ich nicke stumm. Abgesehen von der gerade überstandenen Krankheit vor einigen Wochen habe ich seit Klaus’ Tod einige gesundheitliche Probleme wie Herzklopfen, Kopfschmerzen, Bluthochdruck, Sehstörungen, Magenschmerzen und einiges mehr, was mich in meinem Tatendrang, aber auch in meiner Arbeit einschränkt und mir Angst macht. Betroffen rutsche ich vor dem Schreibtisch immer tiefer in meinen Stuhl. Ich fühle mich elend.

„Eigentlich geht's mir richtig mies", sage ich kleinlaut, „und ich habe noch so viel vor."

„Das kriegen wir wieder hin", meint Sabine, und von jetzt an ist sie für mich nicht nur meine „Heilerin", sondern eine Freundin.

Jede Woche fahre ich den weiten Weg von Buchholz nach Gifhorn hinter den Kolonnen der Rübentransporte auf dem Weg zur Zuckerfabrik nach Uelzen her, komme etliche Male in eine der Radarfallen, die an dieser Strecke nach jeder Ortschaft stehen. Schon nach einigen Wochen und gut zehn Behandlungen fühle ich mich gesund und stark, wie seit Jahren nicht mehr. Vielen Freunden und Bekannten erzähle ich von Sabines Talent, und etliche begeben sich in ihre Behandlung.

Natürlich erzähle ich auch Walli am Telefon davon. Mit großem Interesse hört sie zu und will alles über die Behandlungsmethoden erfahren.

„Du musst zu Sabine", dränge ich sie, „das wird dir gut tun", und meine Freundin verspricht, bald zu kommen. Auch will sie ihren Mann und ihre Tochter, die sich als junge Ärztin für alternative Heilmethoden interessiert, mitbringen.

„Komm doch erst mal allein", bitte ich eindringlich, „sonst wird es zu umständlich."

„ Ja“, verspricht sie, „ich versuche, so bald wie möglich Urlaub zu bekommen.“

Es vergehen einige Monate nach diesem Versprechen, und als ich eines Abends wieder einmal anrufe, meint Daniel, ihr Sohn, die Eltern seien nach Tübingen in die Heimat des Vaters gefahren, wo er sich eine Grabstelle aussuchen wolle. Ich bin empört. Statt sich bei Sabine in den Jungbrunnen zu begeben, haben sich die beiden auf den Weg zum Friedhof gemacht. Warum hat Walli nichts davon erzählt? Dann meldet sie sich zwei Tage später. Ihre Stimme klingt leise und alle ansteckende Fröhlichkeit, die ich so an ihr liebe, scheint verschwunden. Es gehe ihr nicht gut, meint sie und klagt über Schmerzen im Unterbauch und ständige Übelkeit.

„Seit wann hast du das?“

„Eigentlich schon eine Weile, aber ich dachte, das kommt vom Stress und den Nachtdiensten im Krankenhaus.“

„Du hast mir nie davon erzählt.“

„Ich dachte, es ginge allein wieder weg.“

Wieder einmal bin ich überrascht, wie weit oft gerade nahestehende Menschen von uns entfernt sein können. Wir glauben, sie zu kennen und einschätzen zu können. Umso mehr erstaunt uns ihr Verhalten, mit dem wir nicht rechnen. Wallis Schweigen ist mir unerklärlich. Ich erinnere mich daran, dass meine beste Freundin, nachdem wir uns als junge Mädchen beim Reiten kennengelernt hatten, mir lange Zeit nicht erzählt hatte, dass ihre Mutter an Krebs gestorben war, als sie gerade acht Jahre alt war. Wallis Stiefmutter hatte ich so für ihre leibliche Mutter gehalten und mich oft gewundert, wie wenig die beiden sich ähnelten.

„Bitte, Walli, komm zu mir, dann fahren wir zusammen zu Sabine. Sie wird dir helfen."

Sie sagt ernsthaft zu, aber zuvor wolle sie sich in dem Krankenhaus, in dem sie arbeitet, untersuchen lassen. Von dieser Arbeit, die sie mit fast 50 Jahren noch angenommen hatte, halte ich nicht viel, da sie mit nächtlichen Notdiensten in der Strahlen- und Röntgenabteilung verbunden ist. Nach der Krankheit ihres Mannes hilft Walli, ihre drei Kinder im Studium zu unterstützen. Die Arbeit mache ihr Spaß, ebenso wie der Kontakt mit den Kolleginnen, meint sie, doch ich höre heraus, dass das alles für sie schwer zu bewältigen ist, nicht nur die Unterbrechung des Schlafes. Sie hat sich einen neuen Stress im Arbeitsleben zugemutet, den sie lange Jahre nicht mehr gewohnt war. Auch hat sie Zweifel an manchen schulmedizinischen Behandlungen.

Nach der Untersuchung weint sie laut ins Telefon, dass ich sie nur schwer verstehen kann.

„Ich habe Darmkrebs mit Metastasen in der Leber. In der nächsten Woche werde ich operiert."

Ein Schock für mich. Es fällt mir schwer, Worte zu finden.

Meine Freundin hat sich entschieden, wenige Wochen nach der Operation doch zur Behandlung zu Sabine nach Gifhorn zu kommen. Ich hole sie vom Flughafen in Hamburg ab. Es ist kein fröhliches Wiedersehen wie sonst. Ernst nehmen wir uns beide fest in die Arme, halten uns länger als sonst fest und haben kein Lachen. Auf der Fahrt fehlt uns der Gesprächsstoff. Eine ständige Übelkeit nimmt Walli jede Energie. Verstohlen schaue ich während der angespannten Fahrt zu ihr hinüber. Sie sitzt auf dem Beifahrersitz nach vorn gebeugt. „Meine Kinder sind froh, dass ich zu dir gekommen bin. Sie konnten es nicht mehr ertragen, dass ich mich ständig übergeben musste."

„Schon gut," beruhige ich sie und bin sehr traurig, dass meine liebste Freundin von der Krankheit so gebeutelt ist. Ihr Blutstropfen bei der Untersuchung ähnelt dann nicht einmal einem Tümpel, er scheint leblos. Sogar Sabine ist erschrocken. Sie untersucht einen weiteren Blutstropfen, der nicht viel besser aussieht. An Walli, die ständig mit der Übelkeit kämpft, scheint die Untersuchung vorbeizugehen, nur zwischendurch bemerkt sie: „Ich bin lieber tot, als dass mir ständig so schlecht ist."

„Ich kann nichts versprechen", meinte Sabine nach der zweiten Untersuchung , „aber ich werde alles versuchen."

Walli bleibt zwei Wochen in Gifhorn in einem Hotel in der Innenstadt und geht täglich zur Behandlung. Das Alleinsein ist ihr ungewohnt, alle paar Stunden ruft sie mich an und fragt, wann ich endlich komme. Sie erinnert mich damit an meine Mutter, die auch nicht allein sein mag und zufällig wie Walli vom Sternzeichen Zwilling ist. Beiden ist ihr Humor und ihr Charme gemeinsam, aber ebenso ihre Unberechenbarkeit. Wallis Zustand verbessert sich schon nach einigen Behandlungen deutlich. Meine Freundin lebt noch fast zwei Jahre nach der Operation, in denen sie die unterschiedlichsten Therapien ausprobiert. Lange diskutiert sie mit mir, ob sie sich der Chemotherapie unterziehen soll oder nicht. Nach wenigen Tagen bricht sie diese ab, weil sie jeden Tropfen des Mittels, der ihren Krebs bekämpfen soll, verabscheut.

„Alles schmeckt und riecht in mir danach. Es ist unerträglich", stöhnt sie.

Wir haben die Chance, bis die Krankheit von ihr Besitz ergreift und ihren Körper zerstört, einige wertvolle schöne Stunden zu erleben, in denen wir fröhlich und ausgelassen wie in unserer Jugend sind. Wie leichtfertig gingen wir damals damit um.

Beim Richtfest meines Hauses tanzen wir zusammen, und Walli erlebt mit, wie mein Traum von einem kleinen Hof mit vielen Tieren Wirklichkeit wird, wonach ich mich seit jeher gesehnt habe. Sie kannte wie kein anderer Mensch meine Sehnsüchte, Träume und Enttäuschungen in den vergangenen Jahrzehnten. Warum, immer wieder stelle ich mir die Frage, ist sie so früh gegangen? Hatte sie ihren Traum gelebt mit ihren Kindern und den Tieren auf einem idyllischen Bauernhof, und tief innen war es ihr nun genug des Lebens in dieser Welt mit all den Mühen und Pflichten?

Darüber sprechen wir nicht. Diese letzte Nähe lässt sie nicht zu. Vielleicht sind es Geheimnisse, die sie ähnlich wie Klaus sogar vor sich selber hat und nicht zugeben, geschweige denn darüber sprechen kann.

Eine Krankheit hat häufig ihren Ursprung in einer Disharmonie zwischen Körper und Seele. Wenn wir auf den Schmerz, der sich anfangs noch leise meldet, in unserem Inneren hören und ihn als Botschaft der Seele erkennen, kann es Heilung geben, wenn wir es wirklich wollen. Dabei gibt es viele Möglichkeiten der Behandlung.

Mein Kranksein hatte mir für einige Zeit die Entscheidungen über das tägliche Leben abgenommen und ich hatte plötzlich Zeit nachzudenken: Ich habe begonnen, meinen Traum zu verwirklichen und bin gerade auf dem Weg angelangt, mich selbst zu finden. Johanna, meine Mutter und

werkern. Immer gab es Terminschwierigkeiten. Natürlich ist der Umbau eines Gartenhäuschens nicht mit seinen Bauobjekten wie Kirchen oder Krankenhäusern zu vergleichen, dennoch habe ich diese Erinnerung aus meiner Kindheit und Jugend nicht vergessen. Auch will ich mir lange Zeit mein kleines Refugium im Grünen erhalten und es nicht dem Alltagstrott und all seinen Pflichten öffnen.

Der Druck, die Miete nicht zahlen zu können, war dann mit ein Grund die Wohnsituation zu ändern. Johanna und ich ziehen um! Die Entscheidung ist gefallen und schon beginnt sich ein Rad zu drehen, erst in den Gedanken und dann werden sie Wirklichkeit. Ich wünschte mir eine Schar Hühner, die vor dem Haus pickt, einen großen Hund, der uns beschützt, und hinter dem Haus auf der Weide sollte ein Lama grasen, vielleicht eines Tages auch wieder Pferde. Da war sie wieder, diese Vision und sie rückte aus dem Nebel der Vorstellungen immer mehr in die Realität.

Wir werden in unserem Leben häufig in eine Richtung geführt, die uns bestimmt ist, aber es ist unsere Aufgabe, nicht nur abzuwarten, was geschieht, sondern auch aktiv zu werden. Von allein würde mir keine Baugenehmigung ins Haus wehen, und wenn ich mich nicht rührte, würde mein Häuschen auf dem wilden Grundstück mit dem großen Walnussbaum dahinschlummern wie das Schloss von Dornröschen und mit immer mehr Efeu zuwachsen. So baue ich mein Haus schon einmal in Gedanken: Nicht groß, aber mit Raum genug für Johanna und mich, aus Holz und Lehm, dennoch modern, und vor allem soll es gemütlich sein, sich in die Landschaft schmiegen. Ein Zufall lässt mich ahnen, dass dieses Vorhaben gelingt, wenn ich es wirklich will.

Auf meiner Fahrt zum Büro der Heideland Touristik, wo ich die Pressearbeit übernommen habe, halte ich manchmal in dem Heideort Jesteburg an einem Laden mit alten Sachen und Antiquitäten, um hier zu stöbern. Oft finde ich Kleinigkeiten, wie Küchengeräte, alte Scharniere, Türklinken, Fliesen, die ich günstig kaufe. Die Vorstellung, wie ich diese Dinge eines Tages in mein Haus integrieren werde, wächst bei jeder neuen Errungenschaft, die ich im Schuppen am Häuschen lagere. Es werden immer mehr. Manchmal schaue ich sie mir an, drehe sie in den Händen hin und her und überlege mir, was für eine Geschichte sie haben.

„Was ist das?“, frage ich eines Tages den Besitzer des Geschäftes und stehe vor einem kleinen Holzhäuschen, das mich mit dem spitzen Dach und den beiden Säulen an eine kleine Kirche erinnert. Es hat die Ausmaße eines großen Vogelhauses.

„Wir haben es gerade mit einer Lieferung aus dem Allgäu bekommen. Es stammt aus einer Kirche. Dort war es eine Art Altaraufbau“, erklärt der Besitzer des Ladens.

„Dann ist das ein Tabernakel“, vermute ich.

Ich öffne vorsichtig die kleine Tür und finde drinnen zwei Kerzen aus Bienenwachs und ein Kreuz, das wohl auf das Dach gehört.

Der Altaraufbau erinnert mich ein wenig an die kleine alte Kapelle, die ich in den Dolomiten oft besuchte habe. Wenige Monate vor Klaus’ Tod hatten wir hier mit Johanna Urlaub gemacht. In der Ruhe der Kapelle hatte ich manches Mal Trost gefunden.

„Das Tabernakel hätte ich gern, aber – ich habe gar keinen Platz“, spreche ich mehr zu mir.

„Platz ist überall“, meint der Besitzer.

„Bei mir noch nicht. Ich will ja erst bauen.“

„Dann bewahre ich es für Sie auf. Wenn Sie schon mal eine Kirche haben, kann mit dem Hausbau ja nichts mehr schief gehen.“

Der Preis ist erstaunlich günstig. Ich zahle das Tabernakel an, und wir tragen es gemeinsam auf den Dachboden des Ladens. Darauf fahre ich mit einem Gefühl von Zuversicht, fast Glück, weiter. Um dieses kleine Tabernakel werde ich mein Haus bauen. Es wird eine Seele bekommen, eine symbolische, die uns beschützen wird. Nach dem katholischen Glauben wird im Tabernakel das Allerheiligste, die Hostie, aufbewahrt. Viele Jahre hatte mein Tabernakel in einer Kirchengemeinde diese Aufgabe erfüllt, und wie viele Menschen mochten davor gesungen und gebetet haben? Alle Gebete und Lieder würde ich mit in mein neues Haus nehmen.

Meine Tiere sind nun schon einige Monate bei uns und gewöhnen sich immer mehr an ihre neue Umgebung und auch an mich, den neuen Menschen. „Sancho“ beobachtet mich nun ohne Angst, und manches Mal nehme ich ihn mit zum Spazierengehen in den Wald hinter unserem Haus. Ihm das Halfter anzulegen, ist immer ein kleiner Kampf, denn ich muss das Lama im Stall regelrecht einfangen. Immer wieder dreht es sich auf der Stelle und wendet den Kopf weg. Weder sanftes Zureden noch Leckerbissen noch Schimpfen ändern sein Verhalten. Wer weiß, was das Lama alles mitgemacht hat. So habe ich mir einen Trick ausgedacht: Dreht er sich links herum, wechsele ich die Richtung, und blitzschnell lege ich erst meine Arme um seinen Hals und dann einen Strick. Von dem Moment an, lässt er alles mit sich geschehen. So schaffe ich es, das Halfter über seinen Kopf zu ziehen und zu schließen. Die Zirkusleute hatten für „Sancho“ ein Ponyhalfter benutzt, das ich als Erinnerung behalten hatte. Da es aber „Sanchos“ Nase an einer besonders weichen Stelle eindrückt und ihm dadurch die Luft zum Atmen nimmt, kann ich nachempfinden, warum er sich auch später gegen das Aufhalftern wehrt. Als wir uns immer vertrauter werden, verzichte ich auf das Halfter bei unseren Ausflügen und lege nur einen Strick um seinen Hals. Er folgt mir ganz ohne Zwang und vor allem ohne Angst. Bei unseren Spaziergängen im Wald hinter dem Haus verstehe ich, warum gerade Lamas in der Therapie bei traumatisierten Frauen, autistischen Kindern oder inzwischen auch bei gestressten Menschen mit Burnoutsyndrom eingesetzt werden. Auf ihren weichen Ballen gehen die Tiere fast lautlos mit einem erhabenen, schwebenden Gang. Im Gegensatz zu der Vitalität und Kraft von Pferden, bewegen sich Lamas mit ruhiger Gelassenheit. Selten gehen sie von sich aus auf Menschen zu.

Inzwischen sind einige Monate vergangenen und so rufe ich den Tierarzt wegen der geplanten Kastration an. Wieder einmal fühle ich mich mies, wie immer, wenn ich die Bestimmung über meine Tiere übernehme; doch mein Lama übersteht den Eingriff, der nur wenige Minuten dauert, ohne Komplikationen. Nach einigen Wochen zeigt er auch kein Interesse mehr an den Schweinen, und so leben sie endlich friedlich ohne Belästigungen durch „Sancho“ zusammen. Einige Freunde können nicht verstehen, warum ich diesen Eingriff vornehmen ließ. Aber sie haben nie miterlebt, wie oft „Sancho“ die Schweine bedrängt und sich dann an „Harrys“ messerscharfen Zähnen, der sich immer zorniger wehrte, verletzt hatte.

Unerwartet bekomme ich eines Tages eine neue berufliche Herausforderung: Bei der Verleihung des Umweltpreises in unserer Region treffe ich Reinhard R. wieder, den ich in meiner Zeit als Jungredakteurin einer Lokalzeitung als Oberkreisdirektor kennen gelernt hatte. Nach seiner Pensionierung nutzte er Zeit und Wissen für etliche ehrenamtliche Tätigkeiten, so auch als Vorsitzender des Vereins für den Naturschutzpark Lüneburger Heide, VNP . Diese Landschaft ist mir im Laufe der Jahre wie eine zweite Heimat geworden.

Manche Menschen werden von den Städten geprägt, in denen sie leben oder aufgewachsen sind, andere von den Landschaften. Die Natürlichkeit einer Region, ihr Wandel im Rhythmus der Jahreszeiten, die Gerüche, die sie ausströmen, verwachsen oft mit uns und geben uns dort für immer Wurzeln. So bleibt wohl die sanfte, hügelige westfälische Landschaft, die Weite mit den Wiesen und Mischwäldern, mein Zuhause. Wenn ich die Augen schließe und mir eine Landschaft vorstelle, habe ich immer dieses Bild vor mir. Nach den inzwischen mehr als 30 Jahren in Norddeutschland fühle ich heute eine Verbundenheit mit den Buchenwäldern um unsere kleine Heidestadt und vor allem mit der Heide, einer Region, die in Europa einmalig ist. Durch die vielen Reportagen und Filme, in denen ich darüber berichtete, bekam ich in der Redaktion als junge Redakteurin den Beinamen „Heidekönigin“.

Von dieser Kulturlandschaft mit den weiten Heideflächen, die im Spätsommer violett blühen, den Wacholderbüschen,

Kiefern und Birken, den Auen und Mooren, den dahinziehenden weidenden Heidschnuckenherden geht eine fast wehmütige Ruhe aus, die seit jeher viele Künstler inspiriert hat. In der Stille, abseits der Autostraßen, klingen die Geräusche der Natur, sogar des Windes, ganz klar, nah und gleichzeitig fern. Manchmal fahre ich hinaus und wandere mit den Hunden in dieser Einsamkeit.

Als mir Reinhard R. vorschlägt, eine Filmdokumentation über diese Region zu realisieren, bin ich begeistert. Schon immer hatte ich mir gewünscht, diese Landschaft einmal in ihrem ganzen Umfang zu beschreiben Der Film sollte 45 Minuten lang werden, wobei es einige Vorgaben gab. Das bedeutet, dass wir viele Tage im Laufe des Jahres tief in diese Landschaft einsteigen werden. Neben der Schönheit der Natur zu den vier Jahreszeiten sollen die verschiedenen Arten der Heidepflege vom Abbrennen, Plaggen, Schobbern, Beweiden erklärt werden. Wir führen einige Vorgespräche, und ich fertige ein Exposé an. Nach der Auftragszusage engagiere ich den Kameramann Jörn Schulz, mit dem ich viele Jahre beim NDR-Fernsehen zusammengearbeitet habe. Der erste der 13 Drehtage beginnt im Winter bei Schneetreiben im Naturschutzgebietes in einer Aue, einem von alten Bäumen gesäumten Weideland. Dreimal kehren wir in den nächsten 12 Monaten an diesen Standort zurück und filmen die Veränderungen durch die Jahreszeiten. Jörn und ich verwachsen bei der Arbeit zu einer Einheit, wobei sein Kameraobjektiv unser gemeinsames Auge wird. Ich nehme mir Zeit, die Landschaft nicht nur als Motiv zu sehen und aufzunehmen, ich fühle sie, als sei ich einer der Bäume, ein Wind, der darüberweht. Jörn setzt technisch das alles gekonnt um. Den Blick und die ganze Konzentration auf das Detail einer Landschaft gerichtet, sammeln wir wundervolle Ansichten. Wir beschreiben den Frühling im Gegenlicht, wie er sich im lichten Grün der filigranen Blätter entfaltet. Wir fangen die Wärme der untergehenden Sonne mit dem Abendtanz der Mücken ebenso ein wie die Frostigkeit der Winterstürme, die uns bei den stundenlangen Dreharbeiten erschauern lässt.

Bei jedem Drehtermin begleiten uns Reinhard R., Vicky als Assistentin und oft ein Tonmann. Dieses Jahr bekommt für mich eine besondere Bedeutung. Trotz aller Mühen und, wie es beim Filmen vorkommt, technischer Pannen und Witterungsproblemen, lerne ich durch die zahlreichen Gespräche mit unserem Schäfer Uwe Storm, dem Imker und anderen Heidjern viel Interessantes über diese uralte von Menschen geprägte Landschaft. Die Einsamkeit hat die Menschen in dieser Region über Jahrhunderte geprägt. Sie sind sparsam, nicht nur mit Worten.

Ich freue mich vor allem auf unsere Drehtermine bei den Heidschnucken. Diese Schafe, die man auch „Graue Gehörnte“ nennt, gibt es nur in der Lüneburger Heide. Sie prägen das Bild, wenn sie als Herde ruhig dahinziehen. Im Frühjahr mischen die schwarzen Lämmer, die an kleine Persianer erinnern, das Grau der Schnucken auf. Die Herden folgen auch heute noch den Spuren der Generationen von Tieren, die dieses Land von jeher beweiden, und diese Zeitlosigkeit ist unendlich beruhigend. Der Schäfer erzählt uns geduldig von seiner Arbeit, die bei aller Romantik hart und aufreibend ist, vor allem durch die Touristenscharen zur Blütezeit, die immer weniger Distanz halten, die ihre Hunde frei laufen lassen und so für Unruhe in der Herde sorgen. Besonders faszinieren mich Hütehunde, denen ich gern bei ihrer Arbeit zusehe. Wie weit haben sich die meisten Artgenossen, die in den Städten leben, von diesem Leben entfernt.

Die Begegnung mit den Herden bringt mir auch mehr Verständnis und Wissen für meine beiden Ziegen, denn neben den Heidschnucken gibt es in der Herde als Ergänzung etliche Ziegen, die die Heide durch ihren Verbiss von Bäumen freihalten. Gäbe es keine Schnucken und Ziegen, würde die Heide bald zu einem Wald zuwachsen.

Das ausgelassene Spiel der kleinen Zicklein, ihre Bocksprünge und Lebensfreude wecken in mir den Wunsch, eines Tages auch Nachwuchs von meinen beiden Ziegen zu bekommen. Ich breche damit meinen Vorsatz, nur Tiere aufzunehmen, die es bisher nicht gut hatten. Meine Idee, die ich während der Dreharbeiten geäußert hatte, wird eines Tages wahr. So bekomme ich „Bobo“ aus der Heideherde geschenkt, einen weißen Burenbock mit einem beigefarbenen Kopf und kräftigen, gedrehten Hörnern. Uwe Storm, unser Schäfer, ruft eines Tages an und meint, er bringe nun den Bock für meine Ziegen. „Bobo“ hat einen so strengen Geruch an sich, dass sich sogar meine weißen Edelziegen zu ekeln scheinen und sich in die äußerste Ecke des Stalles zurückziehen. „Bobo“ war von Anfang an heimisch bei uns und leider unendlich verfressen. Er übertrifft mit seiner Gier noch meine beiden Ziegen und bestürmt mich so heftig, dass ich oft vor ihm flüchte und mich manches Mal mit einem Sprung auf eine Gartenbank vor seinen Attacken rette. Als ich ihn eines Tages an eine Freundin abgebe, die einen Ziegenbock sucht, bin ich erleichtert. Als Erinnerung an „Bobo“

habe ich zwei Spitzen seiner Hörner, die der Tierarzt absägen musste, damit sie nicht in seinen Hals wuchsen – und „Pia“ und „Mia“, die beiden „Bobo-Töchter“. Von innen an die Haustür geschraubt, dienen die Hörner als Gardinenhalter.

Die Zicklein, es sind Zwillinge, kommen am Gründonnerstag zur Welt. Ich will gerade zu einem Interview-Termin nach Hamburg fahren und habe mich schon umgezogen, als ich aus dem Ziegenstall ein lautes anhaltendes Blöken höre, was so ganz anders klingt als das übliche Meckern. Besorgt gehe ich in den Stall zu der tragenden „Rosalinde“ und sehe, wie meine Ziege schwer atmend auf der Seite liegt. Wenige Augenblicke später ist der Kopf eines Lämmchens zu sehen. Ich vergesse meinen Termin und meine Kleidung und knie mich zu der Ziege ins Stroh. Leider habe ich keine Ahnung, wie ich mich als Geburtshelferin verhalten soll. Bei dem Ziegenkursus in Echem ging es nur um Fütterung und Klauenschneiden. Hektisch suche ich nach meinem Handy und rufe Ursel.

„Ruf den Tierarzt an!“, rufe ich laut in mein Telefon, ohne zuvor meinen Namen zu nennen.

„Warum? Und hast du seine Nummer?“

„Nein, die Ziege kriegt Junge. Ich weiß nicht, was ich machen soll, ich glaube, das Lämmchen steckt fest.“

„So was geht immer von allein. Wie ist denn die Nummer vom Tierarzt?“

„Vergiss es, ich weiß sie nicht. Mir fällt sie nicht ein. Kannst du kommen? Bring Handtücher mit und einen Eimer Wasser.“

Ich ziehe meinen dunklen Blazer aus und hänge ihn über die Futterkrippe.

Die Ziege liegt immer noch auf der Seite und blökt unentwegt. Ich nehme meinen Mut zusammen, umfasse mit meinen Händen sanft das Zicklein und es gleitet jetzt leicht heraus, wobei die Nabelschnur reißt. Ich zerreiße ganz sanft die weiche, glasige Hülle, die es eng umgibt und schiebe einen Daumen vorsichtig in das kleine rosige Mäulchen. Das kleine, feuchte Geschöpf, das fast nur aus Beinen besteht, holt zum ersten Mal in seinem Leben tief Luft und blökt sofort los. Es ist für mich wie der Klang einer zarten Glocke. Seine Mutter beginnt seinen Kopf zu lecken. Ich reibe den Körper mit Stroh ab.

Dann erscheint Ursel.

„Wir haben ein Zicklein“, sage ich und – muss ein bisschen weinen.

„Du siehst ganz schön mitgenommen aus“, meint sie und streicht mir über das Haar. Jetzt erst wird mir bewusst, dass ich im engen kurzen Rock und einer ehemals weißen Bluse im Stroh kauere, mir wahrscheinlich die Wimperntusche über die Wangen läuft und ich bei all dem ungewöhnlich glücklich bin, wie man es ist, wenn ein Lebewesen geboren wird.

Ich nehme das Neugeborene, das sich von einer Minute zur anderen in ein kuscheliges Osterlämmchen verwandelt, in den Arm und drücke es sanft an mich. „Rosalinde“ lässt es sich gefallen, allerdings beginnt sie wieder zu blöken, noch lauter und anhaltender als vorher.

„ Jetzt kommt sicher die Nachgeburt,“ vermute ich, doch das ist nicht der Fall.

„Da kommt noch eines“, meint Ursel. Das Gemecker klingt klagend und schmerzvoll, während das zweite Lamm mit den Hufen zuerst erscheint. Viel Zeit zum Nachdenken gibt es nicht. Hätte ich nur noch den Schäfer vor ein paar Tagen angerufen und mir Tipps von ihm geholt, werfe ich mir vor. Gleichzeitig versuche ich mich zu erinnern, wie es war, als wir die Geburt einiger Lämmer gefilmt hatten.

„Was soll ich bloß tun?“, frage ich ratlos.

„Du musst helfen, zieh“, meint Ursel.

„Wie denn?“

In dem Moment steht die Mutterziege auf, und das Lamm rutscht ein Stück weiter heraus. Ich lege meine Hand unter den Kopf, der jetzt sichtbar wird und benutze meine Finger wie einen Schuhanzieher. Leicht drückend schiebe ich das Lamm dabei in meine Richtung. Es ist schwieriger als bei der ersten Geburt, aber jetzt bin ich mutiger, und nach wenigen Augenblicken liegt auch das zweite Lamm im Stroh. Ich öffne wieder die Hülle, zertrenne die Nabelschnur und sofort blökt auch dieses Lamm. Ich rede unentwegt sanft, Worte ohne Sinn, um mich und die Ziege zu beruhigen.

Diesen Gründonnerstag werde ich nie vergessen. Ich habe einen wichtigen Termin versäumt, aber dafür die Geburt von zwei Lämmern miterlebt. Uwe Storm, den ich anschließend anrufe, lobt mich:

„Wenn du nicht dabei gewesen wärst, hätte es schlecht ausgehen können. Deine Ziege ist noch unerfahren, und wenn erst ein Lamm hängt, kann es Probleme geben.“ Er erklärt mir, wie ich den Nabel mit Jod desinfizieren muss, und ich komme mir bei dem Gespräch vor, als sei ich in diesem Moment selbst eine Schäferin.

Keine Stunde ist seit der Zwillingsgeburt vergangen, und im Stall machen zwei kleine Lämmer, gerade erst auf die

Welt gekommen, bereits ihre ersten übermütigen Bocksprünge und belohnen mich mit ihrem Liebreiz für die Mühen der Geburtshilfe.

Alle Kinder, von Menschen oder Tieren, sind ein Wunder und so einmalig schön in ihrer Reinheit. Wir Älteren sollten sie beschützen und achten, statt sie zu verbiegen und sogar zu verletzten. Astrid Lindgren, die Verfasserin vieler wunderschöner Kinderbücher, schrieb in einem Gedicht, wenn sie Gott wäre, dann würde sie viel über alle Kinder weinen, weil sie nie gedacht hätte, dass sie es so wie jetzt haben würden. Ströme an Tränen würde sie weinen, wenn sie Gott wäre, damit die Kinder in den gewaltigen Fluten ihrer Tränen ertrinken könnten. Wie traurig und mutlos muss die schwedische Schriftstellerin geworden sein? Nein, kein Meer aus Tränen soll es für die Kinder geben, weil die Welt ohne sie so arm wäre, sondern ein Meer aus Liebe und Geborgenheit wollen wir ihnen geben, damit sie lachen und spielen und Luftsprünge aus Lebensfreude machen. Lieber Gott, darum bitte ich dich!

Nach den Dreharbeiten erleben wir beim Schneiden des Filmes, wozu Jörn und ich uns täglich über viele Wochen in mein Häuschen an einen mobilen Schneidetisch zurückziehen, noch einmal den Ablauf des Jahres in der Heide. Beim Texten steht Reinhard R., der mir inzwischen ein guter, wie kritischer Freund geworden ist, zur Seite. Probleme gibt es in der Endphase des Filmes mit der Musik, die ich über viele Monate zu den einzelnen Szenen aus vielen Stücken ausgewählt habe. Wegen der Rechte und damit verbundenen hohen Kosten dürfen wir sie nicht nutzen. Im Hamburger Tonstudio gibt mir Markus Krockmann, unser Tonmeister, als Alternative etliche Motive zur Auswahl, die GEMA-frei sind. Fast jede Szene wird so mit der neuen Musik, die die Stimmungen in der Heide ebenfalls gelungen wiedergeben, hinterlegt. Nach der Sprachaufnahme mit dem Schauspieler Dietmar Mues ist der Film „Im Land der Heidschnucke“ fertig. Zwischendurch glaubte ich manchmal, wir würden es nie schaffen, aber als dann die Premierenfeier in der Heide stattfindet und viele Gäste kommen, bin ich stolz über unsere gemeinsame Leistung, ebenso wie über einen internationalen Preis für unseren Film, den wir einige Monate später bekommen.

Durch die intensive Arbeit bin ich viele Monate abgelenkt, weiter auf meinen Weg zu gehen und meinen Traum zu verwirklichen. Rückblickend sehe ich dieses Jahr in der Heide als einen weiteren Schritt in die richtige Richtung, denn die Herausforderung und die gute Zusammenarbeit mit meinem Team haben mir viel Kraft gegeben. Gegen Ende der Dreharbeiten – es ist inzwischen Herbst – fügt sich, wie ein Zahnrad in das andere, ein Ereignis in das Räderwerk meines Lebens, das sich in die vorbestimmte Richtung weiterdreht.

Ich sitze in einer Drehpause auf einer Bank in der Heide, als mich Johanna anruft und fragt, wann ich nach Hause käme. Diesen ständigen Spagat zwischen meinem Beruf und der Betreuung meiner Töchter begleitet mich nun schon mehr als 20 Jahre und ist anstrengend, vor allem wegen meines ständig schlechten Gewissens.

„Ich habe dir eine Gemüsepfanne vorbereitet. Mach sie dir bitte warm. Gibt es sonst irgendwas Neues? In der Post vielleicht?“

„Nur ein Brief von einer Behörde, glaube ich."

In den Jahren seit Klaus' Tod gibt es nicht einen Tag, an dem ich nicht mit einer gewissen Beklemmung und manchmal auch mit Panik unseren Briefkasten leere. Diese massiven Sorgen wegen des Nachlasses dauern inzwischen sieben Jahre an.

„Ich könnte das alles nicht verkraften", sagt Ursel manches Mal, wenn ich meine Sorgen in ihrer Küche am Tisch ausbreite. Aber: Ich will mich davon nicht unterkriegen lassen. Im Gegenteil. Dennoch sage ich auch dieses Mal mit trockener Stimme:

„Mach den Brief mal auf. Was steht denn drin?"

Es dauert eine Weile und ich werde ungeduldig.

„Was steht da, lies es bitte vor."

„Das ist nicht so einfach. Da steht ganz viel."

„Und oben drüber? Unter Betreff?"

„Ach so, also Bauvoranfrage oder so."

Ich atme auf. Es geht um den Bauantrag für mein Häuschen. Nach einer ersten Ablehnung, das Häuschen am Wald auszubauen, hatte ich vor einiger Zeit auf den Rat von Reinhard R. und einem Experten mit neuen Begründungen einen erneuten Antrag gestellt.

„Da steht was von stattgegeben oder so. Aber unter Vorbehalt nach irgendwelchen Paragraphen", meint Johanna noch.

„Danke meine Süße. Jetzt können wir bauen. Tschüs, bis später." Ich jubele, springe von der Bank auf, hüpfe um mein kleines Team, das mich erstaunt anstarrt, umarme und küsse alle und rufe immer wieder:

„Ich darf bauen! Ich darf bauen!".

Mutgedanke:

Es ist mutig, schwierige Aufgaben, von denen wir anfangs glaubten, diese nie bewältigen zu können, anzunehmen und sich ihnen zu stellen. Wenn wir den Kräften in uns und einer göttlichen Macht vertrauen, werden wir alles schaffen und neues Selbstbewusstsein gewinnen.

KAPITEL 8

Das Haus

Der Umzug und damit der Abschied von meinem bisherigen Zuhause oder dem Haus, in dem ich mehr als 15 Jahre gelebt hatte, davon zehn mit Klaus und weitere fünf alleine mit Johanna, hatte vielleicht unbewusst – schon eine Weile vor dem wirklichen Weggehen stattgefunden. Innerlich hatte ich mich bereits getrennt.

Das Haus, unter dessen Dach ich in getrennten Wohnungen gemeinsam mit Ursel, meiner Freundin und Vermieterin lebte, würde ich wie einen Wintermantel im Frühling abstreifen. Die unmittelbare Nachbarschaft mit ihr, die tägliche Versorgung der drei Pferde und unsere gemeinsamen Ausritte ließen eine Gemeinsamkeit zwischen uns entstehen, wobei mir als der Jüngeren, ein wenig die Rolle der Tochter zugefallen war. Dieser begann ich im Laufe der Jahre zu entwachsen, ebenso wie dem Haus. Irgendwie besteht bei aller Freundschaft auch ein Vertragsverhältnis zwischen Mieter und Vermieter. Spätestens bei den Abrechnungen geht es dann sachlich zu. Auch wenn das Licht vor der Haustür am Tag mal nicht ausgeschaltet wird oder die Waschmaschine noch spät abends läuft, folgt eine Ermahnung.

Dennoch all die Jahre habe ich mein Zuhause bei Ursel geliebt. Es besaß ein großes, helles Wohnzimmer mit hohen

Fenstern und einer Glasschiebetür. Die Küche war dunkel und schwer durch die Einbaumöbel. Der alte Esstisch jedoch als Mittelpunkt, viele Bilder, Kerzen und ein gusseisener Kaminofen, wo häufig ein Feuer brannte, schafften Gemütlichkeit, dass unsere Gäste nach dem Essen oft nicht ins Wohnzimmer wechseln wollten und wir hier alle Mahlzeiten einnahmen. Für einen Umzug sprechen viele Gründe, vor allem der Wunsch nach einem neuen Anfang. Auch wünschte ich mir, künftig den wilden Blumen, ob Wiesenschaumkraut, Löwenzahn, Klee, Taubnesseln oder Veilchen, Gastrecht im Garten rund um das Haus zu geben, in dem ich lebe, anstatt wie bei Ursel einen Rasen zu haben, der dem eines Golfplatzes ähnelt. Das bunte Muster der Gänseblümchen und Butterblumen im grünen Grasteppich gefällt mir besser, was die Unterschiedlichkeit unserer Ansichten deutlich macht.

Nicht immer ist ein Neubeginn die Veränderung, sondern das Ende ist der Aufbruch in das Neue.

Die Planung des Umbaus beginnt in meiner Vorstellung, wenn ich vor meinem Häuschen stehe und ich mir seine Veränderung ausmale. Dabei frage ich mich, wie es aussehen könnte, was mir gefallen würde. Immer komme ich zu der Erkenntnis, dass es eigentlich so bleiben muss, wie es war: aus Holz, ebenerdig, mit Efeu begrünt, wie hineingewachsen in dieses Stück Land mit den vielen hohen Birken und Kiefern. Vor gut 40 Jahren hatte eine Hamburgerin das ehemalige Ackerland als Wochenenddomizil gekauft, mittendrin das einfache Holzhäuschen gebaut und im Garten Walnussbäume, Linden, Rhododendren, Haselnusssträucher, einige Fichten und wilden Flieder gepflanzt. Zudem hatte der nahegelegene Wald mit dem Wind und den Vögeln Samen geschickt, aus denen Birken, Kiefern, wilde Brombeer- und Himbeersträucher gediehen, den ehemaligen Acker in eine wild wuchernde grüne Oase verwandelten.

Als ich es gegen Klaus' Willen, der dieser Wildnis und dem Holzhäuschen nichts Schönes abgewinnen konnte, durch eine Erbschaft von meinem Vaters günstig erwerben konnte, litt das kleine Anwesen unter den derzeitigen Bewohnern. Etliche polnische Schwarzarbeiter, die hier der neue Besitzer untergebracht hatte, vergruben ihren Müll im Garten und stellten einige Autowracks ab. Das Häuschen war so verschmutzt, dass es mir fast leid tat, als ich es besichtigte. Der Anblick der abgerissenen Tapeten, die unbeschreibliche Unordnung, der Gestank entmutigten mich. Vor dem Haus sitzt ein älterer ungepflegter Mann mit einem langen weißen Bart, in der Hand hält er grimmig eine kleine Wodkaflasche und allein würde ich mich nicht an ihm vorbeitrauen. „Dürfen wir mal reinschauen?", frage ich, worauf er nur müde die Achseln zuckt.

„Diese Arbeit", denke ich noch, während wir auf der Brennnessel-Terrasse stehen, und ich ahne, was auf mich zukommen wird. Doch erkennt mein Freund Theo, der mich begleitet, den Charme hinter all dem Unrat.

„Du solltest dich für das Häuschen und den Garten entscheiden. Es passt zu dir. Ich werde dir helfen", rät er mir, und bis heute bin ich dankbar für diese Ermutigung. So habe ich meinen Hof „Ave" gefunden und eines Tages war es mein Paradies. Doch der Weg dorthin war nicht gerade leicht.

Nachdem zwei Container Müll abgefahren werden, immer wieder neue leere Wodka- und Bierflaschen aus dem Loch unter dem morschen Holzboden entfernt und die Ratten vergiftet sind, bekommt mein Häuschen einen Kaminofen, frische Farbe, heile Dachziegel und Fußbodenbretter. Und ich richte es ein. Einfache Korbsessel kaufe ich neu, sonst trage ich, bis auf die Miniküchenzeile und das mexikanische Waschbecken, alles zusammen, was in unserer Wohnung überflüssig ist oder auf dem Boden steht, und das ist schon fast zu viel.

Im Garten rode ich die Brennnesseln, (aus deren nächsten Generationen ich später im Frühjahr Tee koche oder Salat bereite), Dornenranken, Giersch und die wilde Traubenkirsche, die fast in die Fenster wuchsen, die auch erneuert werden müssen. Das Holz ist morsch und einige Scheiben haben Risse. Im Laufe der Jahre ergänze ich die Wildnis um viele hundert neue Pflanzen und Bäume wie Weiden, Beerensträucher, Buchsbäume, Gräser, Schilf und Bauernblumen und einen reich bewachsenen Teich. Seine Wildnis hat der Garten bis heute behalten, doch wenn man hin und wieder großzügig etwas Ordnung schafft und auch den Rasen mäht, verschenkt dieses halbe Hektar Land, mein Garten Eden, zu jeder Jahreszeit eine wunderbare natürliche Schönheit.

Im Frühling ist es fast betörend schön, dann blühen unzählige Maiglöckchen, und ihr Duft mischt sich in den der Balsampappel, die Theo mir wegen dieses Wohlgeruches von seinem Anwesen mitgebracht hat. Am Teich entspringen immer neue gelbe Sumpfdotterblumen, und im Wasser spiegeln sich die weißen Blüten des wilden Kirschbaumes. Fast immer weht ein Wind vom Feld und lädt die vielen Birken zum wiegenden Tanz ihrer Kronen ein. Viele Waldvögel leben hier, ebenso Frösche, Erdkröten, Mäuse und Eichhörnchen. Einige

Bäume haben eine besondere Bedeutung, wie mein „Vaterbaum" vor meiner Schlafzimmertür, den ich aus dem Garten meiner Eltern als Ableger mitnahm und der viele Meter hoch gewachsen ist. Als Kind bin ich oft auf den Ursprungsbaum geklettert. Seine Äste entspringen Vergabelungen, die an ein V wie Vater erinnern. Außerdem hat dieser Baum eine Eigentümlichkeit, die ich bei keinem anderen beobachtet habe. Seine Rinde reißt im Frühjahr am Stamm und den Ästen auf. Anfangs habe ich diese Wunden mit einer Paste bestrichen, was dem Baum offensichtlich nicht gut tat; darauf trug er weniger Blätter und wuchs eine Weile kaum. Inzwischen habe ich bemerkt, dass die Rinde nach einer Weile an den aufgebrochenen Stellen von allein heilt. Die Wunde am Stamm erinnert ein wenig an die lange Narbe, die sich mein Vater im Krieg an seinem Bein durch einen Granatspitter zugezogen hat. Sein Knie blieb danach steif, was seine Bewegungsfreiheit sehr einschränkte. Wie sehr muss mein Vater, der sehr sportlich war, darunter gelitten haben? Dennoch hat er nie geklagt und für sich Sportarten, wie Schwimmen, Boccia oder Curling ausgewählt, die er trotz seines Handicaps ausführen konnte. Jeden Morgen fällt mein Blick, wenn ich die Gardinen und die Gartentür öffne, als erstes auf diesen Baum. In dem Frühjahr, als meine Mutter starb, entsprang zwölf Jahre später ein Sprössling direkt aus der Wurzel neben dem Stamm und wuchs gleich im ersten Jahr gut 1,50 Meter hoch. Jetzt habe ich einen Mutter- und einen Vaterbaum.

Eine andere „Baumpersönlichkeit" und Mittelpunkt des Gartens ist der große Nussbaum mit seinen riesigen Fächerblättern, die als letzte im Frühjahr den Weg aus den Knospen finden, der sich weit wie ein Schirm über dem

Gartentisch ausbreitet. Das Sonnenlicht flutet in linden Grünschattierungen hindurch. In jedem Herbst trägt der Baum reichlich Früchte, von denen die Eichhörnchen die meisten wegtragen. Von den unreifen Nüssen bereite ich im Frühsommer einen Magenbitter, dunkelbraun und herb.

Der Preis des Umzuges war leider, dass ich die Stille, die von dem Garten ausging, aufgeben würde, wenn die Alltagspflichten und -sorgen mit einziehen und ich Freunden, Gästen, auch Fremden das Haus öffne. Doch ich habe mich entschieden. So stehe ich immer wieder vor dem Häuschen und lege in Gedanken das Fundament. In dem jetzigen Zustand ist es zu klein und nicht bewohnbar. Es fehlt eine Heizung, zudem ist es unzureichend isoliert. Immer wieder gehe ich ums Häuschen herum und denke.

Die Räume, in denen wir leben, gehören zu uns. Das sollten wir vor einem Einzug bedenken und ihnen danach Gestalt, Farben und Leben geben. Anregungen aus Zeitschriften oder von Fachleuten sind dabei oft hilfreich, aber vor allem muss man sich immer wieder selbst fragen. Viele Zeitungsausschnitte sammele ich und finde dabei schließlich mein „Traumhaus“, das ein wenig Vorbild sein soll. Dieses Gebäude hatte ein englischer Architekt vorwiegend aus Eichenbalken und -brettern gebaut. Es sieht einfach, aber einheitlich und gemütlich aus, fast wie das Innere eines Schiffrumpfes.

Modeerscheinungen, vor allem was Materialien betrifft, sollten keinen zu großen Einfluss auf uns haben. Oft meinen wir, uns wohlzufühlen, weil etwas edel aussieht, wie in den Zeitschriften oder in der Werbung, aber innerlich fühlen wir uns nicht geborgen, nicht zuhause. Eine Küche aus Granit,

Lack oder Stahl kann höchst elegant und gepflegt aussehen. Aber wie ein Auto ist sie „Gebrauchsgegenstand". Wichtig ist vor allem ein gemütlicher Platz zum Essen, ein Tisch, an dem sich die Familie, Freunde und Gäste auch gern niederlassen, an dem gute Gespräche ausgetauscht werden; wo es Mahlzeiten gibt, die verlockend duften und aussehen, köstlich schmecken und reichhaltig sind an frischen, natürlichen Inhalten und – wo wir dem Schöpfer dafür danken, dass unser Tisch so reich gedeckt ist; wo Blumen, auch wild wachsende, in der Vase leuchten und ein Obstkorb mit frischen Früchten zum Zugreifen einlädt.

Der Geschmack ist so individuell wie der Mensch selbst und sollte jedem überlassen bleiben, wobei eine Sehnsucht nach Gemütlichkeit und Wärme tief verwurzelt und ein Grundbedürfnis ist. Jeder noch so kleine Raum ist „nackt", bevor wir einziehen. Wir statten ihn aus, geben ihm unsere Handschrift. Wie schnell ist ein Raum zugestellt, engt uns ein oder erdrückt uns sogar. Eigene Einrichtungsideen umzusetzen, muss nicht viel kosten; auch gibt es inzwischen günstige, formschöne Möbel und Gebrauchsgegenstände.

Ein Muss sollten gesunde, umweltfreundliche Materialien sein, denn Gifte in unseren Wohnräumen machen uns krank.

Nachdem ich immer wieder rund um das Haus gegangen bin, gehe ich hinein, setze mich an den Tisch und zeichne es. Es müsste, überlege ich mir, wachsen; aber wie, in welche Richtung? Dann weiß ich es: Das Häuschen soll Flügel, zwei kleine Anbauten bekommen. Zu beiden Seiten werden sie in den Garten wachsen und Raum für Johanna und mich bieten. Das versuche ich zu zeichnen, was nicht einfach ist, vor allem die Dachkonstruktion. Nun habe ich eine erste, vage Vorstellung.

Es soll mehr als zwei Jahre dauern und viele Mühen kosten, bis diese Idee Wirklichkeit wird. Heute ist es perfekt für mich, bis auf die kleinen Dinge, die nicht perfekt sind. Wir passen zusammen, mein Häuschen und ich. Dazu gehören auch Ställe ringsherum mit den Tieren, die tagsüber den Hof beleben. „Sieht ein bisschen aus wie Weihnachtsmarkt", meinte ein Freund kürzlich. Ich habe das als Kompliment verstanden, ebenso den Satz einiger Gäste, dass sie hier sofort einziehen würden, weil alles so gemütlich aussieht.

Zunächst gilt es etliche Bau- und Finanzierungsanträge zu stellen, bevor ich beginnen kann. So mache ich mich auf die Suche nach einer Baufirma, führe lange Telefonate, bis ich zwei Fachleute finde, die bereit sind, sich das Bauvorhaben an Ort und Stelle anzusehen. Das hätte ich mir sparen sollen, denn die Ratschläge waren so entmutigend, dass sie nicht nur meinen Wunsch zu bauen, sehr dämpften. Der erste Bauunternehmer schien fast Mitleid mit mir zu haben.

„Wollen Sie", meinte er nach dem längeren Gespräch, „wirklich in dieser Baracke wohnen?"

„Baracke" hat er gesagt. Ich bin sprachlos. Spürt er nicht, wie gemütlich es in meinem kleinen Holzhäuschen ist und wie schön es werden kann?

„Kommen Sie mich mal besuchen; ich habe auch gerade gebaut; ein großes Haus, Stein auf Stein natürlich, und mit einem Fahrstuhl ins zweite Stockwerk, weil wir ja alle nicht jünger werden." Ich schätze ihn auf Ende 30.

„Alles sollte zweckmäßig sein, solide in der Bauweise, damit es lange hält."

„Aber Holz hält auch lange“, wende ich ein.

„Das ist kein Vergleich zu Stein und Beton.“

„ Lassen Sie das hier wegschieben und bauen Sie ein stabiles Haus.“

Mein Häuschen soll krachend zusammenfallen unter den Schaufeln des Baggers. Nein, das genau will ich nicht.

Der nächste Experte ist ebenfalls ein Bauunternehmer, aber zugleich Fachmann für ökologisches Bauen und Holzhäuser. Er geht durch die Räume, anschließend durch den Garten und wieder zurück ins Häuschen.

„Das hat was“, meint er nachdenklich.

Nun erzähle ich von meinen Plänen, dem offenen Balkenwerk, welche Wände herausgebrochen werden sollten, wie die Erweiterung aussehen könnte, und so weiter. Er hört sich alles an, holt dann ein kleines Buch hervor, ähnlich wie Klaus' Gebührenkatalog und rechnet.

„Das lohnt sich nicht“, meint er dann.

„Was lohnt sich nicht?“, frage ich.

„Das Umbauen. Ich reiße Ihnen das hier kostenlos ab, und dann setze ich ein schönes Haus dahin, was genauso aussieht, nur größer und moderner.“

„Ich will kein neues Haus, ich will es so, wie es ist. Ich möchte über dieselbe Schwelle gehen…“

„Die können Sie ja gern behalten, aber verraten Sie mir, was ist so besonders daran?“, unterbrach er meine fast trotzige Reaktion auf seinen Vorschlag.

„Jede Schwelle hat eine Bedeutung“, meine ich, und ich sehe ihm an, er weiß nicht, was ich meine. Es ist mir auch egal. Dieses kleine Haus hat seine eigene Bedeutung für mich, es ist wie ein Nest, auch wenn es alt und einfach ist.

Eine Zusammenarbeit wird es nicht geben, also verabschieden wir uns, und ich bin so weit wie zuvor, entmutigt, bedrückt und stelle mein Bauvorhaben, meinen Traum, in Frage.

Wie oft im Leben werden wir manchmal in eine Richtung geschoben, die uns bestimmt ist. So kommen – vor der Bauphase – drei Männer, die, wie verabredet, einige Bäume fällen sollen, um den Schuppen herum, den ich künftig als Unterstand für meinen Wagen und die Kammer für Tierfutter und Gartengeräte nutzen wollte. Wir hatten keinen bestimmten Termin ausgemacht, so bin ich ein wenig überrascht. Der Schuppen soll renoviert und vergrößert werden. Ich habe mir, da genug Platz vorhanden ist, einen kleinen „Kreisel" vorgestellt, damit man künftig nicht wenden muss. Die Insel soll mit Bäumen belassen und zudem mit Büschen, Farn und Blumen bepflanzt werden. Geplant ist eine kleine Baumaßnahme im Vergleich zum Umbau des Hauses, aber als die ersten Birkenstämme wie bei einem Mikadospiel übereinander fallen und das Kreischen der Motorsägen die gewohnte Ruhe durchschneidet, überkommt mich ein fast panikartiges Gefühl.

„Welche Bäume sollen noch weg? Wollen wir nicht gleich die große Fichte am Haus auch absägen, dann kann sie später nicht auf das neue Haus fallen", fragt mich Dirk, einer der Männer, und ich wehre entsetzt ab.

„Nein auf keine Fall."

In dem Augenblick kommt Vicky auf den Hof gefahren und meint nur: „Das sieht ja schlimm aus hier."

„Tja", meine ich, schaue mich um auf dem verwundeten Grundstück, und Tränen steigen mir in die Augen, nicht wegen der Birken, es gibt mehr als hundert davon, sondern aus Angst vor der bevorstehenden Aufgabe. Aufbauen heißt auch neu anfangen. Was wird auf mich zukommen? Kann ich das alles bewältigen? Habe ich mir wirklich alles gut überlegt?

„Mama“, meint Vicky, die meine Verzagtheit spürt, „wenn du dich jetzt schon so anstellst, wie willst du dann ein ganzes Haus bauen?“

„Ich stelle mich nicht an, und es wird ja auch kein ganzes Haus“, sage ich fast zornig, aber sie hat Recht. Doch ich will nicht umkehren, sondern Schritt für Schritt in mein neues Leben weitergehen.

Der Schuppen wird in den nächsten Tagen aufgebaut. Er wirkt mit den hellen Balken und dem Aludach irgendwie deplatziert. So kann ich ihn nicht ertragen, also besorge ich Farbe und streiche das Holz dunkel an. Wenige Tage später, bei einem Erntedankfest, worüber ich für die Heideland Touristik GmbH berichten soll, kann ich auf einem Hof einige uralte Eichenholzpfähle günstig kaufen. Mit einer Drahtbürste schrubbe ich die verwitterten Stellen von dem Holz ab, und als wir sie als Verkleidung an die neuen Balken schrauben, ähnelt der Schuppen fast einer alten Wagenremise. So wie Dirk sich anfangs gesträubt hat, dieses alte Holz zu verarbeiten, geht es später auch anderen Handwerkern am Bau. Meine Ideen umzusetzen, alte Materialien einzubauen, scheint manchen schon absurd, doch später fügt sich jedes Teil wie ein Puzzle in das andere ein, und in der Gesamtheit passt alles zusammen.

Doch noch bin ich weit von der Fertigstellung entfernt und habe nur eine vage Vorstellung, wie das Haus einmal aussehen soll. Bis zum Baubeginn trage ich von überall her „Puzzleteile“ zusammen. In einer Lübecker Gärtnerei finde ich für mein Badezimmer ein einfaches, antikes Marmorwaschbecken aus Persien, von dem ich mühsam alte Betonspuren abscheuere. Von einem Museumsdorf in Bliederstorf bei Buxtehude kaufe ich Eichenbalken aus einem alten Bauernhaus, einige Türen und Stallfenster. Der neue Schuppen bietet genug Platz für dieses Baumaterial, was ich ständig sortiere und hin und her räume. Manchmal streiche ich über das alte Holz, zu gern würde ich wissen, woher es stammt.

Nun brauche ich noch Holz für den Fußboden. Im Internet finde ich einen Anbieter für alte Holzbohlen, und an einem Sonntag fahren Ewa, meine polnische Freundin, und ich ins Lipper Land. Es ist schwierig, den entlegenen Hof ausfindig zu machen, aber endlich kommen wir an, und uns öffnet sich eine wahre Schatztruhe an alten Dingen, vom schmiedeeisernen Nagel bis zu riesigen Mengen Eichenbalken. Herrliche alte Dielen, aber die meisten sind krumm und schief und nicht zu gebrauchen. Ich müsste das ganze Fuder nehmen, was kaum auf einem großen Lkw Platz findet. Enttäuscht lehne ich ab, ordere dafür aber alte Pflastersteine von einem ehemaligen Bahnhof in Holzminden. Die werden sich für einen Gehweg rund um das Haus gut eignen. Ewa und ich stöbern lange in den alten Sachen, und wir kaufen für einen guten Preis etliche davon, von der Kupferwärmflasche bis zu Bilderrahmen, und stopfen mein Auto bis oben voll. Die Steine sollen mir später zusammen mit einem alten, schweren Steintisch, der aus drei Blöcken besteht, geliefert werden.

Als wir zurückfahren, sind wir müde, aber zufrieden.

„Jetzt habe ich reichlich Baumaterial, nun muss ich nur noch jemanden finden, der mein Haus zeichnet“, meine ich.

„Das kann Darius, der ist doch Architekt“, meint Ewa. Warum hatte ich nicht eher daran gedacht, Ewas Mann zu fragen? Noch am selben Abend, nachdem wir unsere Schätze ausgepackt haben, zeige ich Darius meinen ersten Entwurf, worauf er meint:

„Gar keine schlechte Idee, daraus zeichne ich mal was.“

Zwei Tage später bringt er mir die Zeichnung, die mir sofort gefällt, und ich ändere nur einige Fenster. Darius kennt einen Statiker, mit dem ich gleich einen Termin vereinbare. Endlich kann ich den Bauantrag abgeben.

In der Zwischenzeit nehme ich Kontakt auf mit einer Holzbaufirma, die in demselben Dorf ansässig ist, wo ich vor fast 30 Jahren gewohnt habe. Reinhard R. hat mich auf die Idee gebracht, da diese Firma sich inzwischen im Landkreis durch gute Handwerksarbeit einen Namen gemacht hat und für ein großes Museumsdorf alte Bauernhäuser aufstellt. Der Inhaber besucht mich im Häuschen. Er kann verstehen, dass ich den Teil integrieren will, und schlägt mir keinen Abriss vor. So besprechen wir das Vorhaben, die Kosten und einigen uns bald. Ich fühle mich bei diesem jungen Handwerksmeister gut aufgehoben. Als er mir dann begeistert von seiner Hühnerzucht erzählt, wird er mir immer sympathischer.

„Wenn wir fertig sind mit dem Hausbau, bringe ich einige Hühner, die passen hier gut hin“, verspricht er.

Eine tolle Idee. Hühner will ich mir sowieso anschaffen. Ich freue mich darauf. „Dann sollten Sie sobald wie möglich fertig werden.“

Endlich gerate ich wieder in mein gewohntes Fahrwasser. Wie wohltuend ist es, im Leben Menschen zu begegnen, die uns von ihrem Mut, ihrer Fröhlichkeit oder ihrer Weisheit abgeben.

Mutgedanke:

Es ist mutig, sich an Vorhaben zu wagen, deren Ablauf wir nicht immer überschauen, weil vieles neu oder ungewohnt ist. Wenn es Probleme gibt, gleich am Anfang oder mitten drin, sollten wir uns nicht entmutigen lassen, sondern unser Ziel weiter im Auge behalten und vor allem daran glauben.

KAPITEL 9

Der Umzug

Die nächsten Wochen, in denen ich auf die endgültige Genehmigung für den Beginn des Baus warte, sind die Ruhe vor dem Sturm, denn es sollten neun Monate folgen, die eine Turbulenz in mein Leben brachten, wie ich es nicht geahnt habe.

Kaum ist der Tag des Baubeginns festgelegt, kommt der erste Lastwagen und bringt das Schild der Baufirma, das an der Einfahrt aufgestellt wird.

„Sind Sie die Bauherrin?“, fragt mich der Fahrer. Ich muss einen Moment überlegen, ob er mich meint. Was für eine Bezeichnung? Ich bin die Bauherrin und habe damit auch zum ersten Mal in meinem Leben bewusst die Herrschaft über meine Zukunft angetreten und beginne etwas aufzubauen und zu verändern; dazu gehört ein Umzug und, was für mich bemerkenswert ist, ich tue es ganz allein, weil ich es will.

Im Laufe der nächsten Monate lerne ich täglich neue Menschen kennen, die an dem Umbau beteiligt sind, und ich bekomme Achtung vor handwerklichem Können. Es fasziniert mich, wie die Männer geschickt Hand in Hand arbeiten, schwere körperliche Arbeit leisten und immer gut gelaunt dabei sind. Es macht ihnen offensichtlich Freude etwas aufzubauen. Das Schöne dabei ist, sie sehen sofort den Erfolg, das, was sie geschafft und geschaffen haben.

Die Bauarbeiten beginnen im Spätsommer, wobei die erste Maßnahme das Ausheben der Baugrube ist. Dafür habe ich einen befreundeten Landwirt engagiert, der mit seinem Traktor und einer riesigen Schaufel davor anrollt. Zu der ersten Panne kommt es, als die Baggerschaufel ein Hauptstromkabel durchtrennt und der Stadtteil hier vorübergehend ohne Strom ist. Ich rufe den Notdienst der Stadtwerke an, die einen Fachmann schickt. Der Schaden wird schneller behoben, als wir erst angenommen haben. Das ist auch gut, denn eine Versicherung wäre nicht für die Kosten aufgekommen, weil normalerweise eine Baufirma die Baugrube aushebt.

Vielleicht hält mein Vater ein wenig seine Hand von oben über mein kleines Bauvorhaben, denn irgendwie habe ich bei allem viel Glück, und die Bauzeit von neun Monaten ist eine besonders schöne in meinem Leben; hätte ich sie nur noch bewusster genossen. Wenn wir etwas schaffen oder eine ungewöhnliche Zeit erleben, das kann auch eine Reise, eine Begegnung, eine bestandene Prüfung oder die Geburt eines Kindes sein, nehmen uns die Geschehnisse so in Anspruch und lenken uns vom Wesentlichen ab, dass wir oft vergessen, gleichzeitig das Besondere, Einmalige wahr- und anzunehmen und uns darüber von Herzen zu freuen.

Aus Unwissenheit verursache ich nur wenige Tage nach dem Stromausfall einen weiteren Zwischenfall: Die Gräben für das Fundament rund um das Haus sind ausgehoben, und die vorhandenen Wände des Häuschen liegen frei wie Zahnhälse. Schrecklich sieht das aus. Inzwischen habe ich einige Helfer gefunden, die die Holzverkleidung abgerissen haben. Aus diesen Brettern bauen wir später die Pforten auf der Weide. Dieses Mal lasse ich mich nicht von dem trostlosen Anblick des demolierten Häuschens und den Wunden im Garten herunterziehen. Ich denke an die Zukunft, wenn alles schön und neu werden wird. Außerdem sage ich mir, alles hat seine Zeit: das Zerstören und das Aufbauen…

Als ich abends nach der Arbeit die Baugrube begutachte, erscheint mir der Anbau für mein Schlafzimmer, mit Bad, Wohnzimmer und Küchenerweiterung erstaunlich klein. Immer wieder messe ich die Fläche mit Schritten ab und wandere hin und her über das mit einem Bindfaden abgesteckte Erdreich und komme zu dem Ergebnis: Das reicht nicht aus! Da fehlt mindestens ein Meter. Vor allem werde ich kaum Platz haben in mein Bett ein- und auszusteigen. Im Schuppen suche ich in Johannas alter Spielkiste nach Kreide und schreibe mit großen Buchstaben an die Außenwand: Jungs, wo soll mein Bett stehen? BITTE an jeder Seite mindestens 80 Zentimeter mehr!

Am nächsten Morgen kommt der Betonmischer. Die „Jungs“ haben meine Bitte ernst genommen und das Fundament vergrößert. Auch die Kupferrohre, die ich vom Installateur besorgt habe gegen mögliche Erdstrahlen, haben sie gutmütig mit in den Beton verarbeitet. Als ich gegen Abend komme, bedanke ich mich bei ihnen überschwänglich.

Nur habe ich nicht bedacht, dass diese von mir eigenmächtige Vergrößerung des Bauvorhabens Folgen haben sollte. Daraufhin stimmt nämlich die Statik nicht mehr.

„Das kannst du nicht machen“, beschwert sich Darius, aber ich habe kein schlechtes Gewissen, denn auch als Bauherrin kann man nicht alles wissen. Dennoch eine erweiterte Baugenehmigung muss nachgereicht werden und durch diese Erweiterung kommt es später nach der Abnahme zu Mehrkosten, die ich nicht eingeplant habe und an denen ich noch lange abzahlen werde.

Etliche Male fühle ich mich überfordert, wenn die Handwerker mich fragen, an welche Stelle zum Beispiel die Steckdosen für den Herd installiert werden sollen, denn ich habe zu diesem Zeitpunkt der Bauphase noch keine Vorstellung, wo der Herd später überhaupt stehen soll. Als die alten Wände fallen, kommt die karge Bausubstanz, vor allem die schlechte Isolierung, zu Tage, die teilweise nur aus alten Zeitungen und Pappe bestand. Ein altes Haus zu zerpflücken, bringt viele Überraschungen. So stoßen wir unter dem Fußboden im ehemaligen Wohnzimmer auf eine Grube, wo etliche leere Wodkaflaschen der letzten Bewohner und viele Mäusenester zum Vorschein kommen. Große Mengen an Sand müssen ins Haus geschafft werden, was zu einer zeitlichen Verzögerung führt.

Die Installateure fragen, während sie die Heizungsrohre verlegen, warum ich nicht einen zentralen Holzofen einbauen lasse, der später das ganze Haus heizt. Die Gasheizung würde dann automatisch den Verbrauch drosseln. Für diese Anregung bin ich dankbar. Eine Feuerstelle will ich in jedem Fall im Haus behalten, aber diese Regelung scheint mir sinnvoll. Es entstehen allerdings wieder einmal zusätzliche Kosten, und viele weitere Rohre müssen im ganzen Haus verlegt werden.

Natürlich regnet es in Strömen, als das Dach abgedeckt wird, und ich befürchte, mein Häuschen wird völlig durchnässt, doch in erstaunlich kurzer Zeit zimmern die Handwerker die neue Dachkonstruktion, und das Haus ist wieder dicht.

Wichtig ist für mich die Auswahl der Fenster, die die Augen eines jeden Hauses sind, die Licht hineinbringen und den Blick nach außen freigeben. Detlef hat mir eine Firma empfohlen, die solide Fenster aus Holz baut. Ich suche mir einen Stil aus, der zum Haus passt, sowie drei Gartentüren. Vergeblich bleibt die Suche nach einer alten Haustür und einer Klöntür für die Küche. Meine Handwerker raten zudem von gebrauchten Türen ab, da die Isolierung und Sicherheit oft nicht ausreicht. So finde ich schließlich in Gifhorn gegenüber dem Hotel, in dem Walli während ihrer Behandlung wohnt, einen dänischen Hersteller für Türen. Er erklärt mir bei einem Besuch seine Philosophie über Fenster: Große Scheiben zum Beispiel lassen am Tag zwar viel Licht hinein, doch abends werden sie zu dunklen Löchern und geben dem Bewohner keine Geborgenheit. Ich entscheide mich für eine Klöntür, die immer ein wenig dänische Ferienstimmung vermittelt. Auch die Haustür entspricht meinen Vorstellungen, weil sie mit ihren Sprossenfenstern Licht ins Haus lässt und gleichzeitig einen Blick auf Besucher gewährt. Nach dem Gespräch mit dem dänischen Experten entscheide ich mich gegen den Einbau von fertigen Zimmertüren vom Baumarkt. So bekommt jeder Raum eine andere, individuelle Tür. Einige erstehe ich von einem Museumsdorf; andere lasse ich um- oder aus den alten Eichenbrettern neu bauen, ebenso wie die Fensterbänke und Bücherregale. Die antiken Türklinken werden angepasst. Als nur noch meine Badezimmertür fehlt, erinnere ich mich daran, dass bei dem Landwirt, wo früher unsere Pferde grasten, einige alte Türen in der Scheune gestanden hatten. Für 30 Euro bekomme ich eine mit vielen Farbschichten und lade sie gleich in meinen Kofferraum ein. Birger, Vickys Freund, ein gelernter Tischler und Architekt, den sie übrigens sieben Jahre später heiratet, wird mein „Türexperte"; zunächst lehnt er ab, die Tür zu verkleinern, damit sie in die schmale Türöffnung passt

„Die fällt auseinander", meint er als Fachmann.

„Bitte probier es", bitte ich ihn , setze mich durch, und die Tür hält. Ich reinige sie und gebe ihr ein frisches Aussehen durch eine Wischfarbe, die ich mit einem Schwamm auftrage. Inzwischen sind diese Patina-Holztüren modern, wobei meine Tür ihre eigene Geschichte hat. In dem alten Bauernhaus haben mindestens drei Generationen sie unzählige Male geöffnet und geschlossen.

Eine Tür öffnet neue Räume oder sie verwehrt, wenn sie geschlossen ist, den Zutritt. In unserem Leben gehen wir täglich durch Türen. Während wir über die Schwelle treten, gelangen wir augenblicklich von der Vergangenheit in den Moment der Gegenwart, ins Jetzt. Neues.

Konkrete Vorstellungen habe ich von meiner Küche, die ein Mittelpunkt des Hauses sein soll, wo Tee, Kaffee und die Mahlzeiten bereitet werden und wir ständig zusammenkommen. Alles soll aus natürlichen Materialien gebaut, die Regale sollen gemauert und offen sein. Beim Einbau wirken die Steine noch wie Fremdkörper, aber als wir sie mit Raspeln abrunden und sie schließlich weiß streichen, passen sie zum Haus und geben ihm einen leicht mediterranen Charakter. An den runden Mittelbalken baut Dieter, einer der

Zimmerleute, mit viel Geschick die lange alte Eichenholzbank, die die Ziegen zum Klettern genutzt haben. Die Bank wird auseinandergesägt, als Rechteck zusammengesetzt und an den Balken geschraubt.

„Daran wollt ihr doch nicht essen“, meint eine Freundin, die mich auf der Baustelle besucht.

„Warum nicht?“

„Ist das nicht ein bisschen ekelig?“

Ganz Unrecht hat sie nicht; die Oberfläche wirkt morsch und hat eine unansehnliche grünliche Farbe. Dieter bringt am nächsten Tag eine Schleifmaschine mit, und ich staune, was für eine wunderbare Holzmaserung zu Tage kommt. Mit feinem Sandpapier wird die Fläche poliert, die ich anschließend mit Leinölfirnis abreibe. Dieser uralte Eichentisch, an dem Johanna und ich täglich essen und bis zu sechs Gäste eng zusammengerückt sitzen können, wird mein Lieblingsplatz im Haus. An Geburtstagen oder an anderen Festen allerdings ziehen wir den antiken schwarzen Tisch mit den gedrehten Beinen, der am Fenster steht, aus und bis zu 20 Gäste finden daran Platz.

Meine Idee, ein altes Spülbecken statt einer für mich steril wirkenden Edelmetallspüle einzubauen, klappt nicht. Alle Suche ist vergebens. So verabrede ich ein Treffen mit unserem Steinmetzen in der Stadt, der auch Grabsteine baut, und bitte ihn um Rat. „Schwierig ,“ meint er, „Da haben Sie sich aber etwas Ungewöhnliches vorgenommen.“ Dennoch gehen wir hinaus und finden in seinem Steinlager einen großen Sandsteinblock. Daraus soll mein Waschbecken entstehen. Einige Male besuche ich den Steinmetzen und habe noch einige Veränderungsvorschläge. Mein schwarzer Mantel hält mich nicht davon ab, noch ein wenig an der Rundung mit einer Feile zu schaben. Mehr grau als schwarz sieht mein Mantel anschließend aus, aber ich bin zufrieden. Zum Schluss wünsche ich mir ein gemeißeltes Symbol aus der Bibel von einem Fisch und drei Broten auf der Vorderseite des Beckens. Beim Einbau des enorm schweren Beckens staune ich über die Geschicklichkeit des Steinmetzen, der mit runden Hölzern und einer Winde das Becken und die steinerne Auflage an den richtigen Platz rückt. Als er anschließend mit nur einem Helfer auch noch den tonnenschweren Steintisch auf der Terrasse umstellt, den ein Kranfahrzeug transportiert hat, bekomme ich eine Ahnung davon, wie früher die Menschen Pyramiden oder hohe Steinmauern mit der Umsetzung ihrer Körperkraft errichtet haben.

Bestimmte Vorstellungen habe ich vom Fußboden, der wie die Balken aus Eiche sein soll. Nach langem Suchen finde ich dann bei einem Holzhandel im Hamburger Hafen massive Eichenbretter für den Fußboden zu einem guten Preis. Doch Detlef toppt diesen mit einem Angebot seines Holzhändlers. Wieder einmal bin ich überfragt, als ich entscheiden muss, ob die Bohlen genagelt oder geklebt werden sollen. „Ich fände es schön, wenn der Holzboden ein wenig knarrt, wenn man später darüber geht“, meine ich, und so fällt die Entscheidung für das Nageln auf Latten.. Wenn ich später manchmal barfuß durch das Haus gehe, fühle ich angenehm das Holz mit den Jahresringen und Aststellen unter meinen Fußsohlen, und ab und zu knarren die Bretter. Mein Haus lebt mit mir.

Jeder Tag auf der Baustelle wird zu einem Erlebnis. Wenn ich es zeitlich einrichten kann, frühstücke ich mit den Handwerkern. Wir sitzen vor dem Kaminofen, der die ganze Zeit während des Bauens Wärme spendet und für den die Männer einen provisorischen Sockel bauen, nachdem der Boden aufgerissen wurde. Ich bringe Kuchen und Erfrischungsgetränke mit und trinke von ihrem Kaffee aus den Thermoskannen, der köstlich schmeckt. Die Handwerker erzählen von ihren Familien, für die sie immer irgendetwas im Haus um- oder ausbauen, und wir besprechen die nächsten Schritte. Die gute Stimmung in dieser Zeit ist sicher mit ins Bauen und damit in mein Haus geflossen.

Für Johanna und die Tiere habe ich in diesen Monaten nicht so viel Zeit wie sonst, da ich auf der Baustelle gefordert bin, ein wenig mithelfe und ständig im Baustoffhandel irgendetwas besorge. Dennoch nehme ich mir die Zeit, bei einem der gastierenden Zirkusse Ausschau nach einem zweiten Lama als Gesellschaft für Sancho zu halten, doch ich finde es nicht. Von diesem Zirkus nehme ich „Marie", unsere Colliehündin, mit. Da sie mich von Anfang an mit auf die Baustelle begleitet und jeder sie streichelt, ist sie auch später gegenüber Gästen und Freunden sehr zutraulich, animiert alle ständig zum Ballspielen und vermittelt jedem das Gefühl, gerade ihn besonders zu mögen.

Im Sommer, bevor die Männer mit dem Innenausbau beginnen, der weitere Monate in Anspruch nimmt, feiern wir ein verspätetes Richtfest. Ich dekoriere die Wände mit Ebereschenästen voll mit reifen roten Beeren, stelle lange Holzklapptische und Bänke auf, wo viele Gäste Platz finden. In den neuen Wänden erklingt zum ersten Mal Musik von unserem befreundeten Pastor und Komponisten. Bis in den frühen Morgen wird getanzt, gelacht und gefeiert. Auch künftig werden die Gartenfeste mit vielen Gästen, Musik, rustikalem Essen und guten Gesprächen besonders schöne Ereignisse. Beim Richtfest bin ich glücklich und freue mich, dass Walli, meine liebe Freundin, die sich von ihrer Operation gut erholt hat, dabei ist. Wir lachen und tanzen zusammen. Das ist das letzte Mal.

Nach diesem Fest bekommt mein Haus täglich mehr Wohnlichkeit: Die Fenster werden eingebaut; die Maler streichen die Wände mit heller Lehmfarbe an, die in einem schönen Kontrast zu den dunklen alten Balken stehen. Im Wohnzimmer experimentieren wir mit einer dunkelroten Lehmfarbe, die unregelmäßig aufgetragen wird. An einigen Stellen laufen rötliche Streifen nach unten, und ich stehe entsetzt davor. „Das sieht ja aus wie Blut“, meine ich, und es wird umgepinselt, wobei ich tatkräftig mitmische. Für das Bad möchte ich blau-grüne Farbtöne. Das Verlegen der marokkanischen Fliesen, die ich mir schon einige Zeit vor dem Hausbau bei dem Großhandel in Hamburg ausgesucht habe, ist mühsam. Aber das Ergebnis ist ungewöhnlich schön und wirkt so ganz anders als die typisch weiß gekachelten Badezimmer. Die Wände bekommen einen wasserfesten rustikalen Putz. Ich rühre mit dem Maler eine türkise Farbe an, passend zu den Fliesen. Aufgetragen erschlägt mich dieser Ton, und alles wird ein zweites Mal dezenter überstrichen. Die Maler wundern sich über meine eigensinnigen Farbvorstellungen. So wird die offene Balkenlage im Bad blau wie ein kräftiger Himmel. „Aber irgendwie passt es dann doch gut“, meint einer der Maler, als er sich nach getaner Arbeit umsieht und das Werk betrachtet. Es ist ja nur ein kleines Badezimmer, aber ich wünsche mir selbst beim Zähneputzen ein Ambiente, das mich an einen Urlaub im Süden anstatt an ein Krankenbadezimmer erinnert.

Während überall noch die Farbtöpfe stehen und vieles an eine Baustelle erinnert, lasse ich eines Abends die gerade aufgestellte Wanne voll Wasser laufen und genieße das erste Bad nach einem anstrengenden Tag, den vielen harten Monaten, und ich fühle mich rundherum mitten in der Baustelle glücklich.

Das Jahr geht zu Ende, Weihnachten steht bevor und die letzten Arbeiten scheinen einfach nicht enden zu wollen. Irgendetwas gibt es immer noch zu tun, und so zögere ich den Umzug hinaus. Vielleicht bin ich inzwischen zu erschöpft oder ich finde nicht den Mut, unsere alte Wohnung zu verlassen, den Abschied von Ursel und von meinem bisherigen Leben zu vollziehen. Endlich ist auch der Ziegenstall gegenüber dem Haus fertiggestellt und es gibt keinen Grund, nicht zu wechseln. Wir haben einen Telefonanschluss, die Küche und die Heizung funktionieren, einige Möbel haben wir schon eingeräumt, nur ich zeige keine Entschlusskraft.

„Heute bringe ich mein Bettzeug ins Häuschen", meint Johanna eines Sonnabends morgens, „ich ziehe um." Ihre Idee von einem Hochbett haben wir in eine schwebende Schlafgelegenheit umgewandelt, die an der Decke an Ketten aufgehängt ist.

„Du ziehst um?", wiederhole ich erstaunt, da Johanna bisher nicht gerade großes Interesse an dem Umbau gezeigt hat.

„Ja, Mama, und du auch."

„Aber es ist doch noch gar nicht alles fertig", habe ich einzuwenden.

Dann ziehen wir um, wobei ich diese Aktion nur verschwommen in Erinnerung habe. Jede Form von Packen, sogar für eine Kurzreise, überfordert mich fast. Dass ich endlich im neuen Haus schlafe, verdanke ich Ewa, Philipp und Birger, die sogar in Kauf nehmen, mein Bett dreimal umzustellen, bis ich zufrieden mit dem Standort bin.

Dann endlich gehe ich spät und erschöpft schlafen und schaue nach oben durch das Dachfenster, und – es fallen keine Sterne vom Himmel. Es sind nicht einmal welche zu sehen. Ich lausche in die Stille, die ich hier noch nicht kenne, und fühle mich entwurzelt in dieser Nacht wie auf der Durchreise, nirgendwo zu Hause, denn Umziehen ist nicht Ankommen. Ich bin nur 400 Meter von meinem bisherigen Zuhause entfernt und stecke noch mittendrin in meinen alten Gewohnheiten. Johanna tut sich mit ihren zwölf Jahren leichter als ich. Sie blickt nicht zurück, ist neugierig auf das Neue und nimmt es an. Wie ärgerlich war ich über Sancho, als er anfangs am Zaun hin- und hergelaufen ist. Verhalte ich mich nicht ebenso?

Wir feiern unser erstes Weihnachtsfest mit meiner Mutter, die uns besucht und sich immer wieder im Haus umsieht und über die Veränderungen staunt.

„Was ist das?“, fragt sie und betrachtet das Tabernakel auf dem Balkenwerk.

Ich erkläre es ihr.

„Was wohl Vati zu dem Umbau sagen würde und Klaus?“, meint sie.

„Es würde ihnen sicher gefallen“, antworte ich, „aber das ist nicht wichtig.“

„Wieso meinst du das?“

„Weil sie nicht hier leben. Wir müssen uns wohlfühlen."

„Du hast Recht", bestätigt sie.

Einige Tage nach Neujahr beginnt es abends zu schneien. Langsam verwandelt sich der Garten beim Schein der Außenbeleuchtung in eine weiße Winterlandschaft. Ich setze mich auf das Sofa, was bisher nicht so oft vorgekommen ist, weil ich ständig etwas hin- oder herrücken muss. Ich lasse den neuen Raum auf mich wirken. Auf dem Tisch brennen Kerzen und spiegeln sich im Fensterglas, dahinter fallen sanft dicke Schneeflocken zur Erde. Ich schließe die Augen und erinnere mich bis in jedes Detail an mein ehemaliges kleines Häuschen. Dann öffne ich die Augen und habe das Gefühl, alles neu, zum ersten Mal zu sehen. Es ist wie in einem Traum, und ich fühle mich wie in einem Schloss.

„Mama, was hast du? Weinst du? Warum bist du traurig?", fragt mich Johanna, als sie aus ihrem Zimmer kommt und mich still auf dem Sofa sitzen sieht..

„Im Gegenteil, ich bin glücklich."

„Warum?"

„Weil wir umgezogen sind."

Mutgedanke

Es ist mutig, Abschied zu nehmen, wenn wir unser Leben verändern wollen.

Oft hängen wir an alten Gewohnheiten und Räumen und können uns nicht trennen. Die Angst vor dem Neuen, Fremden hält uns zurück. Wagen wir dann doch diesen Schritt, ergeben sich viele Chancen und Möglichkeiten und ein neues Glück.

KAPITEL 10

Zaubereier

Die nächsten Wochen verlangen von mir einen täglichen Spagat zwischen dem bisherigen und dem neuen Zuhause, weil noch etliche Sachen umgeräumt und die Renovierung der bisherigen Wohnung besprochen werden muss. Während der Frühling bevorsteht, beginne ich sesshaft zu werden.

Die Ziegen und „Sancho" ziehen in den Stall am Haus ein, gehen zum Grasen tagsüber auf die Weide und kehren gegen Abend zum Füttern zurück. Später machen sich auch die drei Hängebauchschweine auf den Weg über die Weide hierher, als suchen sie unsere Nähe. „Harry" liebt es, vor dem Stall liegend seinen dicken Bauch in die Sonne zu strecken. Wenn er meine Stimme hört, gibt er einen kurzen Grunzton von sich, als wolle er sagen: „Na, du." Und ich antworte: „Harry, na mein Dickbauch." Und er wieder: „Ja? Mh?".

Einige Freunde und Bekannte, vor allem Kinder, kommen gern zu Besuch und haben keine Berührungsängste mit den Schweinen, die jedes Streicheln und Kraulen genießen und sich wohlig dabei auf die Seite rollen. Die Besucher wundern sich über den sauberen Stall, den die Schweine nur zum Schlafen benutzen. Im Gegensatz zu ihren Artgenossen, den Hausschweinen in den Mastställen, machen sie von der Möglichkeit Gebrauch, ihr „Geschäft" weiter außerhalb zu verrichten.

Als ich mich nach Klaus´ Tod auf den Weg gemacht habe, Antworten auf viele Fragen zu finden, sind es immer wieder meine Tiere, die mir zeigen, den Augenblick zu leben, meine Ungeduld zu bremsen und Frieden zu finden. Auch das kann eine Art von Meditation sein. Vor allem sind es die kleinsten Bewohner des Hofes, die Hühner, zu denen ich mich zum Füttern und Beobachten oft auf die Erde hocke und dabei zu mir selber finde. Mit ihrem warmen Glucksen, der betulichen Fürsorge für ihren Nachwuchs, ihrer pickenden Geschäftigkeit, ständig nach Futter zu suchen, dem Krähen des Hahnes am Morgen und ihrem regelmäßigen „Zubettgehen" im Stall gegen Abend geben sie mir das Gefühl einer gemütlichen, fast altmodischen Geborgenheit. Und sie schenken mir noch etwas, was im Ernst des Alltags oft zu kurz kommt: Heiterkeit. Ich freue mich über die Tiere, muss oft lächeln und manches Mal sogar laut lachen, wenn ich sie beobachte. Vor allem Fatima, die kleine Guanako-Stute, entwickelt sich nach einigen Jahren zum Hofclown.

Der Kauf der Hühner ist fast in Vergessenheit geraten, als mich eines Tages Detlef anruft und meint, er würde mir die versprochenen Hühner bringen. Detlef züchtet „Chabos", eine kurzbeinige japanische Hühnerrasse, mit denen er schon viele Preise bei Ausstellungen gewonnen hat. Für ihn sind die Hühner ein Ausgleich für seine anstrengende Arbeit. „Lass schon mal Badewasser ein", hat er einmal seiner Frau Grit am Telefon gesagt, während wir einige Details am Bau zu besprechen hatten.

„Ich will dich nicht aufhalten“, meine ich nach einer Weile höflich, „sonst wird euer Badewasser kalt.“

„Nein“, wehrt mein Baumeister ab, „Grit kann schon allein anfangen. Wir wollen heute die Hühner baden, morgen ist Ausstellung.“

Gespannt erwarte ich die Hühner, denn auf meinem kleinen Hof fehlt noch die pickende Schar, die ich in meinem Zukunftstraum schon gesehen hatte. Anfangs erscheinen mir die Hühnchen, die gleich heimisch sind, wenn sie mit ihren leuchtend roten Kämmen und dem weißschwarzen Gefieder vor dem Haus scharren, wie eine possierliche Dekoration. Sie vermitteln dem Haus die Idylle einer kleinen Farm, ähnlich wie es die Fernsehwerbung für Brotaufstriche zu vermitteln versucht. Es dauert eine Zeit, bis ich erkenne, dass mir die Hühner durch ihr Dasein täglich so viel Natürlichkeit und Erstaunliches zeigen, was nicht nur dieses Kapitel, sondern ein Buch füllen würde.

Vor allem den Kindern wünsche ich den Umgang mit Hühnern. Das öffnet ihnen eine Tür zu etwas Einfachem, das so einmalig ist wie ein Ei in seiner Vollendung. Wie viel sinnvoller wäre es, wenn Familien, die einen Garten besitzen, darin Hühner statt Meerschweinchen oder Kaninchen halten. Viele der armen Tierchen würden dann nicht zu Tode gestreichelt oder, was ebenso schlimm ist, in zu engen Käfigen gehalten und vernachlässigt. Bei dieser privaten Hühnerhaltung gäbe es zudem täglich ein bisschen „Oster-Erlebnis“, die Eier aus dem Nest zu holen – und es brauchten nicht mehr unzählig viele Hühner das grausame Legehennen-Dasein erleiden. Diese Idee ist keineswegs absurd, denn in den USA ist private Hühnerhaltung inzwischen gang und gäbe, und auch bei uns werden inzwischen kleine mobile Hühnerställe selbst für Minigärten angeboten.

Wer glaubt, ein Huhn sei wie ein Ei dem anderen gleich und in ihren kleinen Köpfen habe ein Gehirn nur wenig Platz, der irrt. Ich höre nicht auf, über ihre vielen Fähigkeiten zu staunen. Wir Menschen sperren diese Vögel als Eierproduzenten in enge Drahtkäfige, nehmen ihnen alle ihre natürlichen Bedürfnisse, entwürdigen sie als Massenware in Hähnchenfabriken und verpantschen Unmengen an Eiern in alle möglichen Nahrungsmittel, wo sie nicht hineingehören. Was wir Menschen mit den Legehennen veranstalten, ist abartig. Die Vogelgrippe ist eine Reaktion der Natur. „Hallo, ihr Menschen", sagt uns diese Seuche, „kommt zur Vernunft. Noch ist es nicht zu spät! Massentierhaltung und übermäßiges Fleischessen, im Sommer ständig Fleisch auf dem Grill, muss nicht sein!" Wir können die Erde retten, wenn wir uns ändern. Jeder von uns, jedes Mal, wenn wir zum Einkaufen in einen Supermarkt gehen. Wenn wir nicht blind essen, sondern mit Freude und Verstand Lebensmittel auswählen. Und dann können wir diese genießen.

Wir verbringen unser zweites Frühjahr im neuen Haus, und ich freue mich besonders auf die Küken, die klitzekleinen gelben Federkugeln, die gerade aus dem Ei geschlüpft schon das Verhalten von erwachsenen Hühnern haben, die nach Körnern picken, sich putzen und scharren. Im Vorjahr war nur ein Küken, so klein wie ein Tischtennisball, geschlüpft, das ich vor dem Kater und allen anderen Gefahren beschützte und schließlich in einem separaten Auslauf unterbrachte. Das Küken wuchs heran, und ich setzte es eines Abends zu den übrigen Hühnern in den Stall. Der Anblick, wie die

Mutter auf der Stange sitzend einen Flügel um ihr Kind legte, rührte mich richtig. Alle, alle Gefahren und Ängste vor der Dunkelheit wehrte dieser Flügel ab, der sich wie ein sanftes, liebevolles Schutzschild über dem Küken ausbreitete.

Wir können viel lernen von der Hingabe der Tiermütter, die da sind für ihre Kinder und ihnen dadurch Vertrauen geben. Bin ich immer eine gute Mutter gewesen? Mein oft unruhiges Leben durch meine freiberufliche Arbeit, die Trennung von meinem ersten Mann, der Tod von Klaus hat auch das Leben meiner Töchter beeinflusst und sie nicht in der Sicherheit einer Familie aufwachsen lassen, wie ich es mir für sie gewünscht hätte. Beide Mädchen mussten oft nach der Schule auf mich warten, weil ich nicht rechtzeitig kam, was sie mir oft vorgeworfen haben, sogar als sie schon erwachsen waren. Manches Mal war ich ungeduldig mit ihnen, habe ihnen nicht gezeigt, wie man einen Knopf annäht oder einen Schrank sorgfältig aufräumt. Doch habe ich meinen Kindern alle meine Liebe und Zärtlichkeit gegeben und versucht, ihnen zu vermitteln, was ich meiner Großmutter verdanke: Das Vertrauen in eine göttliche, wunderbare Kraft, die in jedem von uns ist, die die Blumen blühen, den Wind wehen lässt, die uns immer begleitet, die uns die Liebe, Freude sowie das Mitleid oder Mitgefühl für andere Menschen und Lebewesen schenkt.

„Was du nicht willst, das man dir tut, das füg auch keinem anderen zu." Diesen Satz habe ich als Kind von meiner Großmutter Elisabeth oft gehört und gesehen, wie sie danach lebte. Wer Mitgefühl hat, der fühlt mit anderen, der nimmt an ihrem Leid teil und – ohne Neid – ebenso an dessen Freude, Erfolg und Glück.

Das Einzelküken wird ein stattlicher Hahn. Er setzt sich gegen die beiden Älteren durch, wird schließlich der Chef und beschützt die kleine Schar. Er geht mutig auf fremde Hunde los und vertreibt sogar einmal einen Raubvogel. Etwa ein Jahr später sehe ich ihn eines Abends, als ich die Stalltür schließen will, auf der Stange neben dem Nachwuchs sitzen. Eines der Küken hat er unter seine „Fittiche" genommen und wie eine Mutter den Flügel darüber ausgebreitet.

Mit meinen Hühnern erlebe ich oft Ungewöhnliches, so auch eine „Mutprobe", zu denen mich meine Chabos herausforderten.

Es beginnt auf der Rückfahrt von einem Termin. Johanna ruft mich an und meint: „Mama, du musst sofort nach Hause kommen, mit den Hühnern stimmt etwas nicht. Der ganze Stall ist voller Termiten oder so was." Ich fahre gerade durch den Elbtunnel und hätte fast mittendrin auf die Bremse getreten.

„Was ist im Stall?", frage ich. Bevor ich losgefahren war, hatte ich mich vergewissert, dass alles in Ordnung war. Drei Hühner haben seit einigen Wochen auf 15 Eiern gesessen und gebrütet. Acht Küken sind geschlüpft, und sieben Eier befinden sich noch in den Nestern. Ich habe vor meiner Abfahrt die Küken mit Haferflocken, gekochtem Eigelb und Wasser versorgt, das Heu in den Nestern mit den restlichen Eiern gewechselt und bin danach beruhigt zu dem Termin gefahren. Termiten habe ich keine gesehen.

„Die Eier liegen im Stall verstreut, und überall sind diese Viecher drauf. Es ist ekelig", meint Johanna aufgeregt.

„Was ist mit den Küken?", unterbreche ich meine Tochter.

„Die sind ganz munter und rennen im Stall rum."

„Johanna, kennst du überhaupt Termiten? Das sind riesige Ameisen. Sind die wirklich bei uns im Stall?"

„Nein, wie Ameisen sehen sie nicht aus. Es sind so kleine schwarze Punkte. Die sitzen überall auf den Eiern."

Endlich wusste ich, was sie meinte. Das mussten Milben sein. Ich habe schon am Morgen beim Wechseln der Einstreu an meinen Händen dieses ganz leichte Krabbeln gespürt und zwei Nesterböden mit einem Milbengift ausgepudert. Wahrscheinlich fühlen sich die drei Glucken von dem Ungeziefer belästigt, haben die Nester verlassen, und die Eier sind heraus gekugelt.

„Was soll ich machen?", fragt Johanna in meine Überlegungen.

„Also, das sind Milben."

„Iiiii."

„Die sind harmlos. Nimm das kleinste Küken, das heute früh geschlüpft ist, mit ins Haus und wärme es. Ich beeile mich."

„Ich habe es schon in der Hand."

„Gut", lobe ich sie und trete aufs Gaspedal.

Es ist so, wie ich vermutet habe. Die sieben Eier liegen im Stall verstreut, und die drei Glucken kümmern sich nur noch um die Küken. Ich nehme die sieben inzwischen kalten Eier, die übersät sind mit Milben, ins Haus, puste auf dem Weg einen Teil des Ungeziefers weg und trage sie in Johannas Bad. Vorsichtig lege ich die Eier in das bunte handbemalte Waschbecken aus Mexiko. Es ist kurz vor Ostern und das Ganze wirkt wie eine Osterdekoration aus einem Magazin für schönes Wohnen. Die Eier spüle ich unter lauwarmem Wasser ab und überlege angestrengt, was ich weiter tun kann. Inzwischen ist es nach 22 Uhr, zu spät, um mir telefonischen Rat bei Detlef zu holen. Die Hühner würden, das ist mir klar, die Eier nicht mehr annehmen. So haben die Küken keine Chance zu schlüpfen. Ich drehe die Eier, halte sie ans Ohr und untersuche jedes ausgiebig. Was mag sich hinter der Schale verbergen? Waren die Küken, falls sich welche in den sieben Eiern befanden, lebensfähig? Eine Schale hat ein kleines Loch; aus diesem Ei piepst es leise. Jetzt muss ich schnell handeln, denn der Piepston wird immer leiser und verstummt dann. Sehr vorsichtig beginne ich, das Ei zu schälen. Mir ist unangenehm dabei, denn das ist kein gekochtes Frühstücksei, doch zugleich bin ich gespannt, was sich mir offenbaren wird. Etwas Neues zu tun, was es auch immer sein mag, ist schwer und kostet uns beim ersten Mal oft Überwindung – und habe ich das Recht dazu, hinter die Schale zu schauen auf etwas, was noch nicht auf der Welt war? Ich schäle weiter, stoße auf eine Hülle, durch die etwas Unförmiges schimmert. Mit den Fingerspitzen zerreiße ich diese Schicht, und mir kommt etwas Feuchtes, Zusammengefaltetes entgegen, ein wenig Blut und riesige Füße. Wie ein Küken sieht das Wesen nicht aus. Aber ein Schmetterling, der gerade aus der Puppe schlüpft, ist ja auch noch weit von seinem späteren Aussehen entfernt. Das Küken scheint zu leben, es piepst zart und atmet. Ich spüle es leicht mit warmem Wasser ab; danach ähnelt es, während es sich immer mehr ausstreckt, schon eher einem Küken, aber nicht gerade einem aus der Werbung. Das nasse Tierchen lege ich auf eine Seite des Beckenbodens.

Beim zweiten Ei habe ich schon eine Ahnung, was mich erwarten wird. So will ich es schnell öffnen und keine Zeit verlieren. Nur hatte dieses kein Loch, keinen „Eingang", bei dem ich beginnen konnte. Ich ticke das Ei vorsichtig mit der Spitze an die Ziehharmonika des Vergrößerungsspiegels am Waschbecken und breche gleich ein großes Stück von der Schale heraus. Das Küken strampelt mir dieses Mal entgegen. Es hat es eilig, ans Licht zu kommen. Stück für Stück befreie ich es, spüle es ab und lege es zu dem anderen. Die beiden Küken hängen im Waschbecken, nass und matt wie zwei Gestrandete.

Nun gehe ich an das dritte, zügig und schon fast routiniert. Doch diesmal fließen mir einige Tropfen Blut entgegen und ein wenig Eigelb. Dieses Küken ist noch nicht ausgereift und halb Vogel, halb Ei. Es hat keine Chance. Einen Moment schlucke ich einen Anflug von Mitleid und Ekel hinunter, lege das unfertige Wesen samt Schale in ein Papiertuch in das Glasregal neben Johannas Parfümflaschen. Nun habe ich es eilig. Ich öffne zwei weitere Eier und, inzwischen schon geübt, lege ich die beiden Küken frei, die sich auseinander falten und bereit für das Leben sind. Beim letzten Öffnen habe ich wieder Pech, das Küken ist nicht lebensfähig.

Johanna, die immer noch das Küken aus dem Stall wärmt, hilft mir, in meinem Badezimmer, wo sich eine Fußbodenheizung befindet, ein Nest aus gerollten Handtüchern und einer weichen Unterlage zu bauen Eine Rotlichtlampe befestige ich mit dem Kabel am Geschirrtuchständer aus der Küche. Und – das Wunder beginnt. In wenigen Stunden entfalten die matten, feuchten Geschöpfe, auf deren rosa Haut einige gelbe Stielchen kleben, einen zarten Plüsch. Sie recken sich, stellen sich auf ihre riesigen Füße, blinzeln keck mit den schwarzen, glänzenden Knopfaugen in die Gegend und piepsen unentwegt. Immer wieder vergrößere ich ihr Nest und streue Haferflocken auf den Boden. Aber sie fressen sie nicht. Als sich die Kleinen gegenseitig in ihre schwarzen Knopfaugen picken, erkenne ich, sie können die Flocken auf dem weißen Untergrund nicht erkennen. Auf eine blaue Serviette gestreut, sehen sie das Futter und sofort beginnen sie zu picken. Ich kann mich nicht satt sehen an diesen kleinen Kreaturen, knie vor ihnen, bis meine Knie schmerzen.

Es ist Vollmond in dieser Nacht. Er scheint hell in mein Zimmer, gelb und vollkommen. Ich höre – wie eine Glucke – beruhigt das leise Piepsen im Badezimmer, und neben mir schläft, wie seit langem nicht, Johanna.

„Kann ich bei dir schlafen?“, hatte sie gefragt, während ich mit den Küken beschäftigt war, „dann können wir morgen zusammen zu den Kükis gehen.“

Nach ein paar Stunden Schlaf weckt mich Johanna. Sie ist schon leise ins Bad gegangen:

„Mama, alle Küken leben. Sie sind so süß. Ich finde es übrigens toll, wie du die Eier aufgemacht hast, das hätte ich mich nicht getraut.“

„Klar, wenn es nötig ist, machst du das auch.“

Endlich kann ich Detlef anrufen und ihm von meinem Erlebnis berichten.„Das hast du richtig gemacht. Wenn die Eier zu lange auskühlen, haben die Küken keine Chance mehr zu schlüpfen. Dann muss man ihnen helfen. Jetzt solltest du die Temperatur um 35 Grad halten. Das werden deine Küken überleben. Du schaffst das.“

Nach dem Frühstück gehe ich wieder zu den Kleinen, die ihre Hälse neugierig recken und piepsen, als sei ich ihre

Mutter. Aber – es gibt ja eine echte Mutter. Wozu brauchen sie eine Rotlichtlampe? Im Stall sind drei Hühner für sieben Küken. Eine, so überlege ich, wird hier gebraucht. Im Stall streue ich Futter aus und greife eine der pickenden Hennen. Auch sie muss zunächst wegen der Milben in Johannas mexikanisches Waschbecken. Hier wasche ich die Glucke gründlich, föhne sie und setze sie zu den Küken in mein Bad. Die Glucke scheint irritiert und ängstlich, ihren gewohnten Stall mit meinem Badezimmer vertauschen zu müssen. Da die Kleinen, die ich nun in einen Weidenwäschekorb umsiedele, keine Scheu vor mir und meinen Händen zeigen, legt auch sie ihre Angst ab. Sie hat sich dann schnell an dieses zwar begrenzte, aber auch bequeme Leben gewöhnt, erfüllt ihre Mutterpflichten vorbildlich und wärmt die Kleinen unter ihrem Gefieder.

Auch die Küken im Stall entwickeln sich bei der Fürsorge von zwei Müttern und meinen Spezialmenüs gut. Schon nach zwei Tagen unternehmen sie ihren ersten Spaziergang nach draußen und picken mit den anderen Hühnern und Hähnen im Sand. Abends im Stall verschwinden die Küken unter dem Gefieder des Gluckenduos, das sich ein Nest teilt und aufgeplustert aussieht wie eine dicke Henne mit zwei Köpfen. Da es täglich wärmer wird, lasse ich meine „Badezimmerküken“ wenig später mit in den Garten. Die 13 Küken wachsen – ähnlich einem Farnkraut nach einem Frühlingsregen – wie im Zeitraffertempo. Plötzlich sprießen kleine weiße Federn aus den Flügeln, und es wächst ihnen ein Minifederschwanz.

Die kleinen Chabos, das merke ich nach einiger Zeit, ist nicht die ideale Hühnerrasse. Wenn es regnet, was bei uns leider oft der Fall ist, sind sie durch ihre kurzen Beine und die gefiederten Füße auch noch unten nass. Als einige von ihnen krank werden und auch sterben, sie einige Tage immer teilnahmsloser und dünner werden, frage ich eines Tages einen befreundeten Bauern, ob er mir einige seiner Hühner verkauft.

„Jürgen", meine ich, „Du kannst mir gern auch einige der Älteren geben. Sie müssen nicht unbedingt noch Eier legen."

So will mir der Bauer abends im Stall drei aussuchen, zwei mit einem gemusterten Gefieder wie ein Sperber und eine gelbe, die ich am nächsten Tag abholen will. Johanna und ich kommen aus Hamburg, als ich auf der Rückfahrt von Hamburg in die Hofeinfahrt einbiege.

„Was machen wir hier?", fragt Johanna.

„Ich muss noch Hühner abholen."

„Lebende?"

„Na, denkst du, welche fürs Tiefkühlfach?"

„Wir haben doch schon genug Hühner."

Zu langen Rechtfertigungen habe ich keine Lust. Es ist Mittagszeit und auf dem Hof ist niemand zu sehen. Vor der Tür steht ein Kaninchenkäfig mit den drei Hühnern. Jürgen steckt kauend den Kopf aus der Tür. „Wir essen gerade. Schaffst du das allein?"

„Klar, danke.".

Ich hebe den Käfig an und finde ihn doch recht schwer. Die Hühner schwanken hin und her darin. Johanna liest oder tut zumindest so.

„Kannst du mir bitte kurz helfen?"

„Der Käfig passt doch gar nicht in den Kofferraum."

„Nein, aber auf den Rücksitz."

„Das ist nicht dein Ernst.“

Inzwischen sitze ich wieder im Auto und fahre das Verdeck runter.

Gemeinsam heben wir den Käfig auf den Rücksitz.

„Lass bitte das Verdeck auf, das stinkt so fürchterlich“, sagt Johanna.

Ganz unrecht hat meine Tochter nicht, Hühnermist riecht wirklich übel und einiges davon befindet sich bereits auf dem Bodenkäfig, zwischen dem Stroh.

Kaum sind wir eine Strecke gefahren, weht der Fahrtwind das Stroh quer durch den Wagen.

Johanna hält ihr Gesicht aus dem Seitenfenster und meint gegen den Fahrtwind:

„ Ist das eklig. Keine Mutter von meinen Freundinnen fährt mit Hühnern durch die Gegend.“

„Willst du lieber zu Fuß gehen?“, antworte ich leicht gereizt. Angenehm finde ich diese Tour auch nicht, aber ich mache mir eher Gedanken über die armen Hühner, die in dem etwas höheren Alter hinten auf der Bank durchgepustet werden.

Zu Hause hilft mir Johanna dann doch, ohne dass ich sie bitten muss, den Käfig aus dem Wagen zu heben. Die großen, alten Hühner fühlen sich sofort wohl, statt auf der kleinen Sandpiste haben sie jetzt den ganzen Garten zur Verfügung. Sofort beginnen sie Gras zu zupfen und schon am ersten Abend finden sie den Weg in den Stall. Der Hahn schaut anfangs erstaunt zu ihnen hoch. Dass sie doppelt so groß sind wir er, hält ihn nicht davon ab, auf sie draufzuspringen. Offensichtlich sind die Hühnerdamen das nicht gewohnt und schütteln ihn unwirsch ab. Aber nichts ist unmöglich und irgendwann setzt der Hahn sich durch. Die alten Hühner beginnen sogar Eier zu legen, riesige. Eine der Hennen beginnt sogar zu brüten und eines Tages schlüpfen zwei Küken aus den Eiern. Auch dieses Mal muss ich beim Öffnen der Schale ein wenig nachhelfen. Ich kenne das ja schon. Eines der Küken ist ein Hahn; er wird jeden Tag schöner mit langen schillernden Schwanzfedern und einer geschwellten Brust. Kaum, dass er richtig krähen kann mit einer Stimme, die noch immer wie eine verrostete Hupe klingt, beginnt er, den um einen Kopf kleineren Vater zu hacken und die Hühner ständig zu „beglücken“, bis es ihnen zu viel wird und sie sich den ganzen Tag unter dem Gebüsch verstecken.

So kann das nicht weitergehen. Sexy Siggi, diesen Namen gebe ich ihm nicht ohne Grund, muss weg und so rufe ich Jürgen an, ob er nicht einen Hahn gebrauchen kann. Der Bauer hat gerade 80 neue Hühner und keinen Hahn, so kann ich ihn bringen. Die Schar ist in einer großen Pferdebox im Stall untergebracht und will gerade schlafen, als ich Sexy Siggi zu ihnen lasse. Irritiert hüpfen einige Hühner zur Seite und mein Hahn, der als eine Zwerghuhn-Mischung etwas kleiner als sie ist, reckt sich, macht einen langen Hals und überschaut die Schar. Kaum angekommen, springt er auf das erste Huhn und Jürgen meint nur: „So`n Hahn, der hat ja was!“

„Naja, ich weiß nicht“, meine ich und bin froh, dass ich den Kraftprotz gut untergebracht habe. Interessiert drängen sich einige Hühner zu ihm und starren ihn mit schief gelegtem Kopf an.

Während der ganzen Zeit im Stall umkreist mich eine hellbraune Henne. Als ich mich bücke, springt sie auf mein Knie. „Warum ist sie so zahm?“, frage ich.

„Keine Ahnung. Die kommt genauso wie die anderen aus der Brutmaschine."

„Ich würde sie gern mitnehmen", meine ich und Jürgen hat nichts dagegen.

So kommt Caramella zu mir.

Mutgedanke:

Es ist mutig, auf Entdeckungsreise zu gehen, egal, wohin sie uns führt, ob in ein fremdes Land, auf eine Insel, zu uns selbst oder zu einem Geheimnis. Wenn wir den Weg ins „Neuland" wagen, wird immer Spannendes und Schönes auf uns warten.

KAPITEL 11

Beschützer

„Hast du keine Angst, hier so allein zu wohnen? Man sieht ja gar keine Nachbarn“, fragt mich eine meiner Freundinnen bei einem Besuch im neuen Haus. „Mir wäre es zu einsam; ich könnte nachts kein Auge zumachen.“

Durch die Lage in einer Sackgasse befindet sich unser Haus ein wenig abseits von der Straße und von anderen Häusern. Gleich hinter dem Garten beginnt das Naturschutzgebiet mit Feldern und Wäldern. Nebenan wohnt meine Nichte Carina auf einem großen Waldgrundstück; Banken, Schulen, Sporteinrichtungen und Wochenmarkt liegen drei Kilometer entfernt. In der Nacht kann man den Schein des Lichtermeeres von Hamburg gut 30 Kilometer weiter nördlich sehen. So liegen wir nicht völlig abseits, sondern nur ein wenig weggerückt von den anderen Menschen, dafür aber mit viel Nähe zur Natur, den Jahreszeiten, dem Wetter und manchmal der Stille.

Die Vorstellung, dass uns etwas hier passieren könnte, hatte ich nie. Unser Holzhaus vermittelt nicht den Eindruck, als sei hier Wertvolles zu holen. Außerdem liegt es abgelegen, wer sollte sich hier schon in böser Absicht verlaufen? Falls ich mal eine Anwandlung von Ängstlichkeit bekomme, helfen mir die Sätze aus „Desiderata“, die ich ausgedruckt in einem Rahmen aufgehängt habe und bewusst lese. Zur Angst oder zu einem Unglück heißt es dort: „Stärke die Kraft des Geistes, damit sie dich in plötzlich hereinbrechendem Unglück schütze. Aber beunruhige dich nicht mit Einbildungen. Viele Befürchtungen sind Folge von Einsamkeit und Erschöpfung."

Nachdem ich das Häuschen gekauft habe, ist mir eine Pforte wichtig und eine Umzäunung, auch wegen meiner Hunde, damit sie sich nicht zu weit entfernen. Die hohe Eisenpforte, die ich einbauen lasse, wirkt zwar romantisch, doch verwehrt sie Fremden auch den Zutritt.

Die Frage meiner Freundin, ob ich keine Angst hätte, fällt mir doch eines Tages wieder ein, als ein unbekannter, leicht unheimlich wirkender Mann vor der Haustür steht und etwas verkaufen will. Shirleys Bellen nimmt er nicht ernst. Marie freut sich, wie es ihre Art ist, über jeden Besucher und legt ihm gleich einen ihrer Bälle vor die Füße.

„Wohnen Sie hier ganz allein?", meint der Mann und schaut über meine Schulter.

Ich überlege kurz und meine: „Natürlich nicht. Mein Mann und meine Söhne müssen jeden Moment kommen."

Darauf geht der Fremde und ich rufe hinter ihm her: „Schließen Sie bitte die Pforte". Nach dieser Begegnung überlege ich mir, ob ich Johanna und mich künftig doch besser schützen soll. Ich denke an Puschkin, unseren starken kaukasischen Owcharka, der kurz nach Klaus' Tod mit nur drei Jahren an einer undefinierbaren Krankheit nach monatelangem Leiden gestorben ist. Dieser Hund, den wir von einem Mandanten von Klaus aus St. Petersburg als Welpen von nur fünf Wochen bekommen hatten, gab mir durch seine Kraft Sicherheit bei meinen weiten Ausflügen in den Wald.

Seit meiner Kindheit habe ich für Hunde eine besondere Vorliebe. Sie sind so freundliche, immer gut gelaunte Begleiter für uns Menschen, die sie oft falsch und schlecht behandeln. Ich bewundere ihre besonderen Fähigkeiten, vieles von dem zu hören und zu riechen, was unsere Sinne nicht erreicht, und die Kunst, sich völlig zu entspannen. Die Ruhe, die von meinen schlafenden Hunden ausgeht, überträgt sich auch oft auf mich und tut mir gut. So hatte ich seit meiner Kindheit immer einen oder auch mehrere Hunde, die mich begleitet und mein Leben bereichert haben, jeder auf seine eigene Art.

„Ich glaube“, meine ich zu Johanna, „wir brauchen wieder einen Puschkin, der auf uns aufpasst.“

Johanna versteht sofort, worum es geht und stöbert darauf im Internet. Es soll wieder ein großer Hund sein, der durch sein Auftreten beeindruckt, dabei nicht aggressiv ist und die Freunde und Gäste, die zu uns kommen, nicht bedroht. Er soll nicht zu behäbig und auch im Winter gern im Freien sein.

„Ich habe einen Hund für uns gefunden“, meint Johanna nach ein paar Tagen, und die Wahl war auf einen Mastin de los Pirineos gefallen, eine Rasse, die heute noch in den spanischen Bergen die Schafherden begleitet. Es ist das erste Mal, dass ich einen Hund nach bestimmten Rassemerkmalen aussuche. Doch ab einer bestimmten Größe scheint es mir nach dem Erlebnis mit „Max“, den ich vor einigen Jahren aus dem Tierheim geholt hatte, wichtig. Der hübsche, große Rüde war eine Mischung aus Leonberger und

Schäferhund. Er hatte leider einen ausgeprägten Jagdtrieb. So musste ich ihn wegen der zahlreichen Rehe, die auf dem Feld grasen und denen er sofort nachsetzte, an eine Laufleine anbinden. Es gab keinen Zaun auf Ursels Grundstück, wo wir zu dem Zeitpunkt lebten, den er nicht übersprang. Wir hatten beim Kauf nicht gewusst, dass „Max" Epileptiker war und die Anfälle wurden immer schlimmer. Wenn er gerade angebunden war, konnte ich Max kaum befreien. So entschied ich mich schweren Herzens, auf den Rat der Tierärztin zu hören und Max einschläfern zu lassen.

Puschkin, der zwei Jahre später zu uns kam, war nicht daran interessiert, Wild zu jagen.

Er war wie alle Owcharkas zwar eigensinnig, aber bei weitem nicht so aggressiv und gefährlich wie viele seiner Artgenossen. Klaus und ich hatten einmal eine Ausstellung besucht, um uns über die Rasse zu informieren. Die Ansammlung dieser kräftigen und wütenden Hunde, die sich ständig anknurrten und kaum zu bändigen waren, hatte mich erschreckt. Puschkin fiel nicht nur durch seine helle Farbe und hübsche Zeichnung auf, sondern auch durch sein gelassenes Verhalten. Obwohl wir keine Abstammungspapiere für ihn besaßen, meinte ein Richter, wir sollten ihn vorstellen, und so lief ich kurz darauf mit Puschkin zwischen den wilden, ständig grollenden Hunden im Kreis. Die Richter und Züchter wollten unseren Hund nach seinen Anlagen bestimmen lassen, ihm daraufhin Papiere ausstellen, da er für die Zucht durch sein friedliches Wesen geeignet zu sein schien. Ich war unendlich stolz auf unseren schönen Puschkin

Kurz darauf erkrankte Klaus. Papiere für Puschkin zu beantragen geriet in Vergessenheit. Stattdessen ließ ich sein ausgekämmtes warmes Haar von einer russischen Bekannten zu Wolle spinnen und Socken daraus stricken, die Klaus, der ständig fror, sogar nachts trug. Als der Hund nur ein Jahr nach Klaus' Tod immer schwächer wurde, sich schließlich weit hinten in den Garten zum Sterben legte, ließ ich ihn nicht gehen. Ich schleppte ihn zu allen möglichen tiermedizinischen Untersuchungen und Behandlungen, kochte ihm Fisch und Hähnchen und versuchte ihn ständig zu füttern. Der Tierarzt in der Uniklinik vermutete, dass Puschkin keine Grundimpfungen in Russland bekommen hatte, doch fand er keine konkrete Erklärung für die rätselhaften Krankheitssymptome. Diesen russischen Urhund, der ein wenig durch seinen kräftigen Kopf mit den kurz kupierten Ohren an einen Eisbären erinnerte, habe ich ganz besonders geliebt. Seine Kraft und seine Eigenständigkeit ,verbunden mit einer beschützenden Liebe zu den Menschen, bei denen er lebte, gaben mir einen Einblick in eine Wildheit, wie sie Raubtiere haben, aber nicht mehr unsere Hunde.

Die Erfahrungen mit „Max" und „Puschkin" veranlassten mich also, dieses Mal einen Hund von einem Züchter zu kaufen. So kenne ich die Vorgeschichte und die Anlagen des Hundes. Allerdings soll unser neuer Hund etwa 1000 Euro kosten. Diese Ausgabe ist nach dem Umbau – zu hoch. Vielleicht hat die Zeit unseres Zusammenlebens ohne Klaus Johannas Selbstständigkeit wachsen lassen, denn sie sagt nach kurzem Überlegen:„Den Hund holen wir. Dann lege ich mein Konfirmationsgeld dazu."

So fahren wir an einem Sonnabend los. Der Hof der Züchterin liegt auf dem Land weit außerhalb von Bremen. Das Gebell hinter dem Zaun lässt ein ganzes Rudel vermuten, was sich auch bestätigt. Überall gibt es Hunde, im Haus viele Pudel und Möpse, draußen in den Ausläufen etliche erwachsene Pyrenäenhunde; zwei große, weiße spielen mit imposantem Gehabe. Nachdem wir fast wieder ein besonders lustiges Pudelchen mitnehmen wollten, das über alle Tische und Stühle hüpft, werden wir in einen Innenhof mit den drei Welpen geführt, von denen einer unser neues Familienmitglied werden soll. Puschelige, weißschwarz getupfte Teddybär-ähnliche Wesen wuseln um uns herum. Wen sollen wir nur nehmen? Die Wahl fällt auf eine Hündin; während ich sie streichele, spüre ich in ihrer Rute einen Knick unter dem dicken Fell. Zur Zucht würde sie sich deshalb nicht eignen. Uns ist das egal. So ist es ein so genannter Schönheitsfehler, der darüber entscheidet, dass dieser Welpe aus dem Zwinger, wo die anderen auch später noch lange bleiben, in ein neues Leben kommt. Wir zahlen den Preis minus 100 Euro wegen der Knickrute, nehmen den Puschelhund, der „Holy" heißt, und haben es eilig, nach Hause zu fahren. Johanna sitzt hinten im Auto, das Riesenhundebaby auf ihrem Schoß, das schnell einen strengen Geruch aus seinem Fell verbreitet.

„Sie muss mal, glaube ich. Halt schnell an", meint Johanna. So unterbrechen wir schon nach wenigen Kilometern unsere Fahrt und setzten Holy ins Gras. Die kratzt sich unaufhörlich mit den riesigen Tatzen an dem ungewohnten Halsband und macht kein Geschäft. Das passiert dann wenig später im Auto, zum Glück auf einer Decke, aber uns nimmt der üble Geruch fast die Luft zum Atmen. Damit Holy sich nicht erkältet, lassen wir die Fenster des Wagens geschlossen. Der junge Hund schien sich nun mit der Veränderung seines Lebens abgefunden zu haben, kuschelt sich an Johanna und schläft ein.

„Schau mal in die Papiere, wie die Eltern heißen", sage ich zu Johanna. Sie sucht in dem Umschlag mit den Werbeunterlagen eines Futterhändlers, dem Kaufvertrag und dem Impfpass, aber Papiere findet sie nicht. Ich habe in der Aufregung vergessen, danach zu fragen, und es soll mehr als ein Jahr dauern, bis wir sie endlich über Umwege aus Prag bekommen, wobei es mir im Grunde egal ist, ob unser Hund Papiere hat oder nicht; doch es geht eher um die faire Abwicklung eines Geschäftes, zumal Johanna daran beteiligt ist.

Natürlich erinnert mich Hera, wie unsere Hündin nach tagelangen Überlegungen genannt wurde, ständig an Puschkin. Doch ich will sie nicht vergleichen. Von Anfang an hatte Hera ihren eigenen Kopf, klaut im Vorbeigehen alles Essbare vom Tisch, stibitzt Eier aus den Nestern, aber ihre Unbedarftheit, ihr natürliches Verhalten, ihre tollpatschige Lebensfreude und vor allem ihre treue Anhänglichkeit lassen das alles verzeihen.

Da ich finde, jeder Hund sollte einen Grundgehorsam haben, auch unsere eigensinnige Hera, rufe ich eine Hundetrainerin in unserer Gegend an. Ich treffe Bea beim ersten Mal an einem Feld, wo sie Hera und mich kennen lernen will. Die Trainerin scheint Hunde zu verstehen; vor allem ist sie eine gute Vermittlerin zwischen Tier und Mensch. „Du als Hundebesitzer bist der Boss" oder „Du sollst die Sonne für deinen Hund sein", erfahre ich. Ihr Prinzip::„Wir müssen die Hunde einfach nur wie Hunde behandeln und klare Anweisungen geben." Statt: „Würdest du jetzt bitte mal kommen?" den knappen Befehl „Hierher!" äußern und immer viel loben! Und es funktioniert. So gut, dass ich heute mit der riesigen Hera entspannt über den belebten Wochenmarkt gehe kann, während andere Hunde ringsherum an den Leinen zerren und bellen.

„Du solltest dein Können weitergeben", meine ich zu Bea, „lass uns zusammen ein Buch schreiben."

So entsteht die Idee, ein Hörbuch zu produzieren und Bea ist einverstanden. Viele Wochen verbringen Bea und ich, oft auch mit Vicky in meinem Garten unter dem Nussbaum und verfassen gemeinsam die gut 40 Seiten Text für „Beas Hundehörbuch". Es ist eine schöne Zeit, Beas Hunde, Vickys „Lotti" und meine, es sind insgesamt sieben, genießen diese Zeit. Keiner nervt oder lenkt uns von der Arbeit ab, nicht einmal die junge „Hera". Sie steht später bei Sommerhitze geduldig mit Bea Modell für das Coverfoto.

Im Tonstudio später drücke ich der überraschten Bea das Manuskript in die Hand.

„Was soll ich machen?"

„Na, sprechen. Wie du in deiner Hundeschule sprichst", meint Vicky.

„Das kann ich nicht. Kann das nicht Maria? Ich habe das noch nie gemacht."

„Ich bin nicht die Trainerin. Das Ganze soll authentisch sein. Außerdem sollen die Hörer deine Stimmlage übernehmen, wenn du einen Hund lobst. Das kann keiner so gut wie du", erkläre ich.

Dann sitzt Bea im Tonstudio, hat feuchte Hände und meistert ihr erste Sprachaufnahme.

Mit den frisch gebrannten CDs fahren Bea und ich dann zur Buchmesse nach Frankfurt.

In den darauf folgenden Wochen organisieren wir gemeinsame Hundetalks in verschiedenen Städten vor interessierten Hundebesitzern, und wir haben mit „Hera" einen Auftritt im Frühstücksfernsehen. Ich bin nervös aus Angst, Hera könnte eine Kamera umreißen und irgendetwas im Studio anrichten. „Du musst einfach Vertrauen haben. Hera macht das schon", beruhigt mich Bea vor unserem Auftritt.

Hera ist inzwischen erwachsen, fast so groß wie ein Kalb und manchmal so tollpatschig wie ein Elefant, wenn sie durch die Beete rennt oder fast auf die Küken tritt, aber ebenso ist sie von einer eleganten Dynamik, vor allem beim Dunkelwerden, wenn sie den Zaun abläuft und mit tiefer Stimme verkündet, dass sie hier aufpasst. Am besten gefällt mir an Hera ihre Gelassenheit.

Mutgedanke

Es ist mutig, seine Ängste zu überwinden, weil sie uns die Lebensfreude nehmen und unsere Energien verbrauchen. Wir sollten Vertrauen haben in eine göttliche Macht, die uns stets beschützt.

KAPITEL 12

Konflikte

Hätte ich nur ein wenig von Heras Gelassenheit oder von den anderen Tiere auf meinem Hof. Ich arbeite daran, nicht so „ hochtourig“ zu sein, geduldiger zu werden, was mir schwer gelingt, weil ich alles sofort erledigen will und mehrere Dinge gleichzeitig beginne. Da ich freiberuflich arbeite und an keine feste Arbeitszeit gebunden bin, muss ich die Organisation des Ablaufs täglich neu regeln. Fast wie jeden Morgen zünde ich ein Feuer im Kaminofen an, manchmal sogar im Sommer, da das Haus durch die hohen Bäume im Schatten liegt und über Nacht auskühlt. So ist es gemütlich warm, wenn wir frühstücken. Der Kater, der morgens früh laut miauend Einlass verlangt, wuselt so lange zwischen meinen Beinen herum, bis er sein Futter bekommt. Inzwischen strecken und recken sich die Hunde laut gähnend im Flur und erwarten eine Begrüßung, während Johanna, die meist mit dem Fahrrad zur Schule fährt, verabschiedet wird.

Danach heißt es, die Tiere draußen zu versorgen, die schon erwartungsvoll zum Haus herüberblicken. Das Krähen des Hahnes in immer kürzeren Abständen klingt eindringlich aus dem Hühnerstall. Die Küken als Kleinste, haben eine Weile Vorrang mit dem Versorgen, was den immer hungrigen Ziegen überhaupt nicht gefällt. Die rumpeln im Stall, steigen ungeduldig mit den Vorderhufen in die Tröge oder blöken penetrant im Dauerton über die halb offene Stalltür. Fatima und Sancho beobachten vom Auslauf vor dem Stall jede meiner Bewegungen. Manchmal macht sich Sancho auch schon frustriert auf den Weg zur Weide, kommt dann aber bald wieder zurück. Im Sommer erscheint auch noch Harry, in dem recht engen Auslauf vor dem Stall und kippt den Wassereimer um, nicht aus Durst, sondern aus Ungeduld. Bei diesem Andrang komme ich mir vor wie eine Jugendherbergsmutter, die zu den Essenszeiten leicht überfordert ist.

Während ich die Tiere füttere, überlege ich, was ich an diesem Tag schreiben werde, welche Termine anliegen und ob ich noch einkaufen muss. Wer freiberuflich arbeitet, kann sich nicht zu oft ausklinken und nicht erreichbar sein. Also fallen auch manche Telefonate in die Fütterungszeit am Morgen. „Dann haben wir ja alles besprochen", sagt einmal ein Gesprächspartner am anderen Ende der Leitung, nachdem wir die Zeilenzahl und den Inhalt für ein Interview geklärt haben und dann fragt er noch:„ Sie sind wohl gerade beim Joggen?"

„Ja, so ähnlich, ich bin gerade unterwegs", meine ich und habe während des Telefonates die Lamas, Ziegen, zwei Schweine und 20 Hühner versorgt. Das Füttern morgens muss schnell gehen, denn wenn es um Futter geht, zeigen die Tiere, obwohl sie alle wohlgenährt sind, wenig Geduld und Gelassenheit.

Massiven Streit gibt es manchmal zwischen den beiden Lamas, weil Sancho schnell sein Futter aufnimmt und dann die kleinere Fatima von ihrem Trog wegdrängt. Das endet meist in einer Spuckerei. Mit zurückgelegtem Kopf spuckt die zierliche Fatima in Sanchos Richtung, was der heftig zurückgibt. Dabei stoßen sie nicht nur ungeheure, laute Zischgeräusche aus, sondern mit dem Speichel schleudern sie die gerade verschluckten Körner in die Richtung des anderen. Wenn die beiden richtig wütend werden, können sie nach diesem feuchten Austausch erst mal nicht mehr fressen, da ihre Mäuler eine Weile offen stehen bleiben, zum Entlüften. Das sieht ausgesprochen unschön aus, wenn nicht sogar dümmlich, und entstellt die Lamas sehr. Zum Schluss bringe ich Heu und Wasser in die Ställe, dann erst bekommen die Schweine ihr Futter, wobei Harry am Stall liegend mich ständig leise angrunzt, als wolle er sagen: „Vergiss mich nicht.“ Da in unserem Zweipersonen-Haushalt kaum Reste von den Mahlzeiten abfallen, mische ich für die Schweine Gerstenschrot, Hafer und Maisflocken, Milch, Wasser und Obst mit ein wenig Öl meist schon am Abend zuvor an.

Bei Frost tauchen Probleme mit der Versorgung der Gänse auf, da sie nicht mehr auf dem Teich schlafen können. Damit der Fuchs sie nicht holt, müssen sie abends in den Stall getrieben werden. Solange die Eisdecke nicht zu dick ist, breche ich jeden Morgen mit der Schaufel ein Loch im Teich für sie auf, damit sie schwimmen können.

Im Frühjahr bin ich froh, wenn wieder Gras auf der Weide wächst und die Tiere hier frisches Futter finden. Doch ihr Ritual, zu den Fütterungszeiten gegen Abend zum Haus zu kommen, halten alle ein. Eine kleine Ration bekommen sie, bevor sie zur Nacht in ihren Stall gehen. Die Ziegen sperre ich vorsichtshalber ein, weil sie jede Gelegenheit zum Ausbrechen nutzen und in kurzer Zeit alles Blühende und Wachsende im Garten wegknabbern. Im offenen Stall schlafen die Schweine und die Lamas eng nebeneinander liegend, wobei die Schweine laut schnarchen und ich nicht verstehe, wie der sensible Sancho das ertragen kann.

Alle Tiere mögen es, bis auf Fatima, die wahrscheinlich schlechte Erfahrungen mit Menschen gemacht hat, wenn sie gebürstet und gestreichelt werden. Dabei rede ich mit ihnen, und jeder Stress in mir schwindet. Ich mag ihre Wärme. Diese Momente bei den Tieren, auch wenn sie auf der Wiese grasen oder ruhen, wenn sie bei sich sind, führen mich ganz nahe zu dem, was ich seit jeher suche, und es gibt mir Kraft.

Die Ziegen überlegen nicht, ob sie am nächsten Tag Gras finden werden; das Lama erinnert sich nicht an die Zeit, als es im Zirkus war; das Schwein denkt nicht darüber nach, ob es zu dick ist; die Küken wundern sich nicht, dass sie gerade noch in der Schale waren.

Frieden ist es, den mir die Lamas und Ziegen vermitteln, wenn sie im Gras ruhen und – sogar beim Wiederkäuen – eins mit sich und der Welt sind. Wie soll ich einigen Bekannten und Freunden erklären, die nicht verstehen, warum ich so viele Tiere halte, dass gerade sie mir diese Botschaft geben, die ich immer wieder brauche, um mich nicht zu verlieren in diesem Leben mit all den Konflikten.

Als Arbeit sehe ich die Versorgung der Tiere ohnehin nicht an, da sie, wie das Schreiben, für mich mit Freude verbunden ist. Die ständige Betätigung hat mich inzwischen körperlich stark gemacht. Selbst das Heben der 25 Kilo-Futtersäcke aus dem Kofferraum meines Autos bewältige ich gut.

Wenn es gerade mal rund läuft und ich glaube, jetzt ist alles gut, ich mich auf der Gartenbank niederlasse, meinen pickenden Hühnern zuschaue, passiert es, dass wieder einmal unerwartet eine Gewitterwolke auftaucht, und sei es in Form des gelben Postautos, das einen Brief vom Finanzamt wegen des bisher nicht geregelten Nachlasses bringt. Wichtig ist jedenfalls, sich nie unterkriegen zu lassen. Ich vermute heute, dass das „Sorgenpaket" für Klaus zu schwer geworden war und dass dies mit ein Grund war für seine Krankheit. Fast immer wird ein Mensch durch eine Disharmonie von Körper, Geist und Seele krank. Das erfuhr ich in den vergangenen Jahren an vielen Beispielen. Das Lebenswerk des Arztes Dr. Paul Bernhard, über den ich beruflich berichtete, beschreibt die Erkenntnis von der „alleinigen Beeinflussung des Unterbewusstseins auf den Körper". So besitzt die Kraft des Geistes die Macht über Gesundheit und Krankheit. „Der kranke Mensch wird in unterschiedlichen Graden sein eigener Feind und wendet sich gegen sich selbst, gegen seine Interessen, gegen sein Wohlergehen und gegen sein Glück. Kranke sabotieren sich selbst, beschädigen und zerstören sich", schreibt Dr. Bernard in seinem Buch „Mit Worten heilen". Gleichzeitig macht er mit folgender These Mut: „Wenn der menschliche Geist mächtig genug ist, durch falsches Denken dem Körper Schaden zuzufügen, so ist er auch imstande, ihn zu heilen."

Die Probleme meines Mannes, die er in sich verschlossen hielt und nur mit seinem Unterbewusstsein ausfocht, haben sicher zu einem schweren Konflikt geführt. Bis zu seinem Tod gab es in unserem turbulenten Leben nicht die Chance und leider auch nicht den Wunsch von seiner Seite, darüber zu reden.

In dem grauen Umschlag vom Finanzamt geht es um eine alte Steuerschuld von vor zehn Jahren in einer fünfstelligen Höhe. Bei Nichtzahlung wird eine Zwangsvollstreckung angekündigt. Das Ausmaß von schlechten Nachrichten sickert erst langsam durch, wenn man in Ruhe darüber nachdenkt. Ich schaue hoch und sehe das Haus und den Hof wie eine Fremde und stelle in diesem Moment alles in Frage.

Obwohl ich mich ausgiebig mit dem Thema „Mut" beschäftigt und darüber geschrieben habe, scheint mich mein eigener Mut gerade zu verlassen.

Zum ersten Mal nach längerer Zeit fühle ich mich kraftlos, und was das Schlimmste ist, ich habe keine Erklärung, warum mir das gerade jetzt passiert. In den vergangenen zehn Jahren habe ich viel Schlimmes überwunden, was an Härte diesen Brief noch übertraf, und nun scheine ich den Boden unter meinen Füßen zu verlieren. Meine Energie entweicht mit jedem Ausatmen. Endlich glaube ich mich angekommen, sehne mich danach, das Haus, den Garten und die Tiere zu genießen, als dieser Brief mich aus dem Gleichgewicht zu werfen droht. Sollten all die Mühen der letzten Jahre vergebens gewesen sein? Vielleicht ist die Schwäche auf die ständige Arbeit zurückzuführen, vielleicht fehlt mir einfach mal Urlaub oder eine Schulter zum Anlehnen? Wie soll es weitergehen? Nicht einmal Walli kann ich anrufen und mich trösten lassen. Einige Male habe ich zu ihr in der schweren Zeit gesagt: „Wenn gar nichts mehr geht und hier alles zusammenbricht, komme ich mit Johanna zu dir ins Allgäu."

„Das ist toll. Ihr könnt gleich kommen“, war ihre Antwort. So gab es immer eine Perspektive, eine Insel. Walli lebt nicht mehr. Als ich schließlich mit Vicky telefoniere, wird sie immer stiller, weniger über die Nachricht als über meine Reaktion.

„Du hast doch sonst immer so viel Mut“, meint sie.

„Jetzt nicht mehr. Irgendwann kann auch ich nicht mehr, und was viel schlimmer ist, ich mag auch nicht mehr“, entgegne ich und beginne zu weinen. Mit dieser mutlosen Stimmung gehe ich spät abends ins Bett und wache am nächsten Tag damit auf. Johanna sitzt mir beim Frühstück still gegenüber; ich will sie nicht mit meinen Sorgen belasten. Sie schweigt, streichelt mir beim Weggehen über den Kopf, wie eine Mutter, die ihr Kind tröstet, und meint: „Du schaffst das schon, Mama.“

Lustlos gehe ich an diesem Tag zu den Tieren und füttere sie, ohne die sonstige Zuwendung für sie. Sie verhalten sich nicht anders als sonst, warum auch, ihre Welt ist in Ordnung. Anschließend laufe ich mit den Hunden in den Wald und sage mir, wie viel leichter es Klaus und Walli haben. Sie brauchen sich nicht mehr um Alltäglichkeiten wie Post vom Finanzamt zu kümmern. Sie haben alle Probleme hinter sich. Bei diesen Gedanken gerate ich in ein innerliches Labyrinth und stelle in meiner Ausweglosigkeit alles in Frage, mein ganzes Leben, meine Ideen, meine Träume, meine Zukunft. Nie zuvor bin ich in einen Strudel so vernichtender Gedanken geraten. Zum ersten Mal wird mir Angst vor der ausweglosen Dunkelheit in mir, und ich grübele, wie das passiert ist, wie nach einem Virus, der mich nun auch erwischt hat.

Zwei Tage später ruft mich ein guter Freund aus Frankfurt an: „Bist du krank?“, fragt er mich, „du klingst nicht so fröhlich wie sonst.“ Ich schildere ihm meine Sorgen.

Er scheint einen Moment zu überlegen: „Es geht doch um dich und deine Tochter, warum sprichst du nicht selbst mit dem Finanzamt?“

Diese Idee hatte ich auch schon , aber nicht den Mut dazu gefunden. Das Finanzamt erscheint mir bisher als bedrohliches Gebäude, in das man nicht hineingeht und mit dem man höchstens auf dem Postweg verkehrt. Die Aufmunterung des Freundes ist der erste Schritt aus meinem Loch, in das ich gefallen war. Nichts tun und abwarten, bis sich etwas tut, ist keine Lösung. Hatte sich nicht erst vor kurzem meine bisher unselbstständige Mutter, die alles meinem Vater überlassen hatte, auf den Weg zu den Stadtwerken gemacht, um gegen ihre extrem hohe Stromnachzahlung etwas zu unternehmen und Erfolg gehabt? Nun kann ich von ihr lernen. Ein paar Tage später sitze ich mit kalten Händen vor dem Schreibtisch des Finanzbeamten.

„Sie haben von hier aus einen schönen Ausblick“, überbrücke ich meine Beklommenheit und blickte durch das geöffnete Fenster. Gemeinsam schauen wir in eine schöne Landschaft. Mein Gegenüber ist offensichtlich ein Naturfreund, wie auch an den Fotos an den Wänden zu erkennen ist. Er nimmt sich Zeit, meinen ausführlichen Bericht und die Entwicklung seit Klaus’ Tod anzuhören und verpasst sogar dadurch seine Kaffeepause. Mit einer Entscheidung kann ich nicht rechnen, aber mit Ratschlägen, wie weiter zu verfahren sei. Allein die Tatsache über das Problem zu reden, der Situation nicht mehr ausgeliefert sein, verändert schlagartig meine Stimmung. Fast heiter verlasse ich das Finanzamt und schäme mich über meine düsteren Gedanken, die mich beherrscht hatten. Immer gibt es eine Lösung, und das Leben geht weiter. Irgendwie.

Wie dumm ist es von mir, zu glauben, ich hätte meinen Traum erreicht und könnte mich nun ausruhen; dabei habe ich nicht bedacht, dass wir in diesem Leben nie ankommen. Die Nähe zur Natur, zu den Tieren und das Schreiben entsprachen den Vorstellungen von meinem Leben. Ich hatte mich eingerichtet. In einem seiner letzten Briefe hatte mir Klaus aus der Rehaklinik geschrieben, wie schwer es ihm falle, sich einzuleben. „Du hättest es da viel leichter als ich, du richtest es dir immer schnell ein." Er hatte Recht. Wo immer ich einige Tag bin, ob im Hotel oder selbst im Krankenhaus, stelle ich meine Bilder, Fotos oder Sprüche auf, ein Glas mit Blumen, eine Kerze.

Der Dichter Hermann Hesse hat meiner Meinung nach genial beschrieben, dass unser Leben ein ständiges Wandern ist. So heißt es in seinem Gedicht „Stufen": „Es muss das Herz bei jedem Lebensrufe bereit zum Abschied sein und Neubeginne, um sich in Tapferkeit und ohne Trauern in andre, neue Bindungen zu geben. Und jedem Anfang wohnt ein Zauber inne, der uns beschützt und der uns hilft, zu leben…"

Auf dem Hof mit den Tieren und in dem Haus habe ich mich eingerichtet; hier lebe ich und erfahre dabei viele glückliche Momente. Doch was ist in der Zwischenzeit während des Balancierens durch dieses Leben? Was gibt uns ständig Halt und Vertrauen? Noch immer bin ich auf der Suche und dabei soll es eines Tages ein zweites Mal mein Lama Sancho sein, das mir die Richtung zeigt.

Mutgedanke

Es ist mutig, zu erkennen, dass alles, was wir erreicht haben, alle schönen Dinge, aller Besitz und jeder Erfolg nicht von Dauer ist. Wenn wir uns darüber freuen und sie als Geschenke, die uns nur eine Weile gehören, annehmen, werden wir einen Verlust leichter verkraften und nach dem suchen, was bleibt.

KAPITEL 13

Begegnungen

Das Gespräch mit dem Mitarbeiter des Finanzamtes hat zwar keine sofortige Klärung gebracht, aber es löste einen Knoten in mir. Die nächste Begegnung wenige Tage später, auch ein Gespräch – allerdings ganz anderer Art – hat Folgen – und nicht gerade angenehme. Für eine Redaktion fahre ich mit Vivien, unserer Fotografin, für ein Interview zu einem Geistheiler nach Hannover. Kaum sitzen wir in dem niedrigen, dunklen Raum, kommen wir auf die Bedeutung der Hände zu sprechen und wie in ihren Linien das Schicksal eines Menschen zu erkennen ist. Auch die Form gibt Auskunft über den Charakter, meint der Gastgeber. Darauf hebt Vivien eine Hand beobachtend vor die Augen, worauf der Heiler meint, ihre Handform deute darauf hin, dass sie gehässig sei. Erstaunt meint sie: „Ich und gehässig? Diese Eigenschaft habe ich wirklich nicht“, was ich bestätigen kann. „Dann wissen Sie es vielleicht nur nicht“, beharrt der Heiler. Vivien wirkt ein wenig verletzt.

Beim Blick in meine Hand ist der Heiler leicht erschreckt und fragt, ob ich Probleme mit dem Herzen habe. „Eigentlich nicht, bis auf die Zeit nach dem Tod meines Mannes. Aber das ist wieder in Ordnung“, antworte ich. Meine Lebenszeit sei absehbar, erfahre ich weiter. Ich lache den

Handdeuter an und will mich nicht einschüchtern lassen. Dennoch: Tief in meinem Unterbewusstsein hat sich seine Ankündigung von einem baldigen Ableben manifestiert. Der Gesprächsstoff über diesen ungewöhnlichen Termin geht Vivien und mir auf der Rückfahrt nicht aus, und dabei denke ich immer wieder an die Prophezeiungen. Als ich meiner Mutter später davon erzähle, ist sie entsetzt und beginnt fast zu weinen. Ich beruhige meine Mutter, dass niemand so etwas vorhersagen könne, doch sollte ich die Macht des Unterbewusstseins und die Folgen dieser Begegnung bald kennen lernen.

Ich beginne, mich zu beobachten, finde, dass ich bei Anstrengungen leicht außer Atem komme. Auch nachts höre ich mein Herz heftig schlagen. Kurz nach der vernichtenden Lebensprognose hat sich Johanna entschieden, ein Jahr ins Ausland zu gehen, und bittet mich um Erlaubnis. Bisher habe ich nicht empfunden, dass ich meine Töchter besonders behütet habe. Warum macht mir nun ihre Entscheidung so zu schaffen, überlege ich. Als ich das künftige Gastland Panama auf dem Globus suche, bereitet mir der Anblick des großen Abstandes zu Deutschland beinahe so etwas wie Herzschmerzen.

In einigen Jahren, aber nicht schon in wenigen Monaten, habe ich damit gerechnet, dass sie aus dem Haus gehen wird. War sie nicht vor kurzem noch im Kindergarten gewesen? Oder habe ich nach dem Abschied von meinem Vater, von Klaus, von Walli und einigen anderen lieben Menschen und Tieren einfach nur Angst, wieder einmal verlassen zu werden? Mein Herzklopfen ist nun keine Einbildung mehr, sondern wird so schnell, dass ich schlecht schlafe. Ich versuche, mich zu beruhigen, und sage mir, der Heiler wollte mich nur ein wenig einschüchtern, weil ich zu kritisch gewesen bin. Zudem stelle ich für mich in Aussicht, während Johanna ihre Zeit in Panama sicher genießen und interessante Eindrücke gewinnen wird, dass ich selbst weniger Verpflichtungen und mehr Zeit für mich haben werde. Mein eigenes gutes Zureden nützt nichts. Die Angst wächst.

Der Arzt, den ich schließlich aufsuche, kann nichts Konkretes im Herzbereich und bei einer Untersuchung der Schilddrüse feststellen, doch rät er mir zu weiteren Untersuchungen. Während ich am Tresen in der Praxis warte, um die Termine zu bekommen, sehe ich mich um und erkenne, dass ich genau hier – zwischen den vielen kranken Menschen – nicht sein will. Mit der Bemerkung, dass ich mich noch mal melden werde, verlasse ich schnell die Praxis. Draußen überlege ich, was ich tun könnte, damit es mir gesundheitlich besser gehe. Als erstes rufe ich meine Heilpraktikerin in Gifhorn an. Bevor ich eine Woche später zu ihr fahre, habe ich ein Gespräch über ein Buchprojekt bei meinem Verlag. Beim anschließenden Essen erzähle ich von mir und von der Belastung durch die Voraussage des Heilers. Mein Gesprächspartner, ein lebenserfahrener, weiser Mann, sieht mich fast mitleidig an. „Da haben Sie ja einiges mitgemacht, aber ich kann Ihnen helfen, davon frei zu kommen, wenn Sie wollen.“ Natürlich will ich. Nach einem kurzen Ritual, bei dem ich einige Worte nachsprechen sollte, bin ich befreiter.

Als ich dann einige Tage später bei meiner Heilpraktikerin nach einer Dunkelfelduntersuchung einige Mittel gegen Bakterien in der Schilddrüse und Niere bekomme, geht es mir täglich besser. Das Herzrasen lässt nach. Ich kann mich mit Johanna auf ihr bevorstehendes Abenteuer freuen, mich wieder auf meine Arbeit konzentrieren und entspannt schlafen. Mein Unterbewusstsein ist offensichtlich befreit von der negativen Prophezeiung. Künftig werde ich vorsichtiger sein. Begegnungen hinterlassen Spuren, die sich auf unser Leben auswirken, positiv oder negativ. Sich von Menschen fernzuhalten und ein Einsiedlerleben zu führen, ist keine Lösung und soll sogar krank machen. „Freunde sind der beste Jungbrunnen“, schreibt mein Freund, der Gesundheitswissenschaftler Prof. Dr. Peter Axt, in seinem Buch „Die Kunst länger zu leben“. So heißt es in dem Buch unter anderem: „Wer mit anderen Menschen regelmäßig freundschaftliche Kontakte pflegt, der hat laut einer Studie, bei der 20000 Menschen über einen längeren Zeitraum beobachtet wurden, ein bis zu dreimal geringeres Risiko, vorzeitig zu sterben, als Personen, die in sozialer Isolation lebten oder sich isoliert fühlten. Dabei, so scheint es, kommt es weniger auf die Zahl der Bekannten, sondern mehr auf die Qualität der Beziehungen an. Oberflächliche Beziehungen scheinen das Gefühl der Vereinsamung noch zu verstärken.“

Zu unserem Leben gehören die ständigen Kontakte mit Menschen, die Gespräche, Blicke, Gefühle. Den richtigen Umgang miteinander können wir nicht lernen; den erfahren wir durch das Leben. Eine Hilfe können auch die Weisheiten von Desiderata vermitteln, wo es heißt:

„Stehe so weit ohne Selbstaufgabe wie möglich in freundlicher Beziehung zu allen Menschen. Äußere deine Wahrheit ruhig & klar und höre anderen zu, auch den Geistlosen & Unwissenden; auch sie haben ihre Geschichte. Meide

laute & aggressive Menschen; sie sind eine Qual für den Geist. Wenn du dich mit anderen vergleichst, könntest du bitter werden und dir nichtig vorkommen, denn immer wird es jemanden geben, der größer oder geringer ist als du... Sei du selbst, vor allem heuchle keine Zuneigung."

Mein Beruf führt mich ständig mit vielen Menschen zusammen.

Dass jeder Mensch einmalig ist und seine eigene spannende Lebensgeschichte hat, erfahre ich oft bei Interviews. Oft ist es auch die Aura oder Ausstrahlung, die mehr ausdrückt als Worte des Gegenübers. Manche Situationen oder Begegnungen führen uns zu Geheimnissen tief in uns, die nachdenklich stimmen, ob wir irgendwann ein anderes Leben geführt haben könnten. So sollen 90 Prozent aller Menschen den Moment eines „Dejà vu" – „schon einmal gesehen" – kennen. Die Frage, ob es sich dabei um die Erinnerung an ein früheres Leben handelt oder nur um eine Täuschung des Gehirns, ist bis heute nicht geklärt und wird die Wissenschaft noch lange beschäftigen.

Mutgedanke

Es ist mutig, sich auf die Begegnungen mit Menschen einzulassen. Jedes Treffen ist eine Bereicherung, wenn wir ehrlich und offen aufeinander zugehen und bereit sind, nicht nur zu nehmen, sondern auch zu geben.

Wenn wir enttäuscht werden, sollten wir uns nicht bedauern und misstrauisch anderen gegenüber werden, sondern daran denken, dass wir andere Erwartungen hatten und uns getäuscht haben, und trotz der Verletzungen bereit sein, uns wieder neu zu öffnen und zu vertrauen.

Gleichzeitig ist es wichtig, anderen nicht zu große Macht über uns zu geben, damit wir von unserem Weg zu reifen, nicht abkommen.

KAPITEL 14

Die Reise

Nach dem Umzug habe ich kaum noch den Wunsch wie früher häufig, zu verreisen. Gerade im Frühjahr möchte ich das erste Grün, die Blütenpracht, die Düfte und den Frühlingswind nicht versäumen. Vielleicht bin ich nach den anstrengenden Urlauben während Klaus' Krankheit für eine Weile reisemüde geworden. Es wundert mich, warum gerade diese Fahrten in den Jahren seiner Krankheit, wie in die Dolomiten und dann – nur wenige Tage vor seinem Tod – nach Portugal, mit allen Einzelheiten in meiner Erinnerung geblieben sind. Gerade die letzte gemeinsame Fahrt, zu der wir neben seinen Infusionsflaschen auch mit seiner Golftasche beladen waren, die er nie mehr auspacken sollte, spielt sich wie ein Film ab. Ich sehe noch den Haken an der Zimmerdecke vor mir, an der der Drahtkleiderbügel als Befestigung für die Infusionsflasche hing, durch die Klaus flüssig ernährt wurde. Ebenso erinnere ich mich genau daran, wie ich während meines Geburtstages, der in diese Zeit fiel, mit Johanna im Sand sitzend die haushohen Wellen beobachtete. Nie zuvor hatte ich so hoch aufbäumende Meereswogen gesehen. Während wir die ungeheure Kraft des Meeres als Naturschauspiel mit vielen anderen Feriengästen erlebten, war Klaus zu schwach, das Bett zu verlassen.

Auch fühle ich den trockenen, feinen Staub der Specksteine, der sich beim Schleifen der Figuren als weiße Schicht auf meine Arme und Hände legte. Johanna hatte mich wiederholt gebeten, sie mit in den Kidsclub zu begleiten, wo andere Eltern mit ihren Kindern öfter gemeinsam bastelten. Da ich nicht viel Sinn für handwerkliches Fertigen habe und zudem ständig unruhig zwischen den vergnügten Urlaubern draußen und dem abgedunkelten Schlafzimmer wechselte, wo Klaus unter seiner Übelkeit und seiner Schwäche litt, fehlte mir die Muße. „Morgen sind wir alle Bildhauer und wollen aus Specksteinen Figuren machen. Das wäre doch etwas für dich", meinte Johanna, und ich ließ mich überreden, da es ihr offensichtlich wichtig war, begleitet zu werden. Aus einigen prall gefüllten Säcken mit weißen, grauen oder marmorierten Steinen durften wir Ferienkünstler einige aussuchen. Die Entscheidung fiel mir schwer. Jeder Stein war besonders. Ich drehte und wendete die Stücke in meinen Händen, die ich nie in diesem Rohzustand gesehen hatte. Beim Betrachten der Steinbrocken konnte man bereits Formen deuten, die es nur nachzuarbeiten galt. Meine Wahl fiel schließlich auf einen weißen, halbrunden Stein, der leicht grünlich schimmerte. Daraus wollte ich einen Fisch entstehen lassen. Mit Spachteln, Reiben, Messern und anderen spitzen Werkzeugen war es einfach, den weichen Stein zu verändern. Ich raspelte und schabte, pustete zwischendurch den feinen Staub auf die feuchte Stoffunterlage zu meinen Füßen, wo langsam die Reste des Steins zu Puderbergen wuchsen.

„Du kannst das toll, Mama! Das sieht richtig aus wie ein Fisch", sagte Johanna, die mir eine Weile, ohne dass ich es bemerkt hatte, zugeschaut hatte. Sie holte mich aus meiner

Versunkenheit. „Mein Onkel war auch Bildhauer“, sagte ich, freute mich über das Lob meiner Tochter und wandte dabei keinen Blick von meiner Arbeit, während ich weiter an dem Stein raspelte. Jeder Mensch kann aus Materialien, die die Erde ihm schenkt, ob Ton, Stein, Holz, Wolle oder Farben, Dinge formen oder herstellen, nur – er tut es meist nicht mehr, weil er es seit der Kindheit verlernt hat und seine Hände für andere Dinge benutzt: wie zum Arbeiten am Computer, Festhalten oder Geldzählen. Durch einen Zufall war der Stein in dieser schweren Phase meines Lebens in meine Hände gelangt. Das Bearbeiten dieses Natursteines wurde eins mit mir. Ich vergaß Zeit und Raum und fand dafür das Geschenk der Hingabe.

Mein Steinfisch bekam Flossen und einen Schwanz. Mit einer Messerspitze ritzte ich Maul und Augen ein, hielt ihn dann erst kritisch beobachtend nahe, dann weiter entfernt vor mein Gesicht in Augenhöhe und war zufrieden. Schließlich polierte ich ihn intensiv mit Stahlwolle, bis die Oberfläche glatt war wie die eines Fischkörpers mit eng anliegenden Schuppen.

Die Sonne hatte sich inzwischen in ein Abendrot verwandelt. Ich war die Letzte im Kidsclub. Johanna war mit den anderen Kindern zum Schwimmen gegangen. Sie hatte mir ihren Stein zurückgelassen, der die Form einer leicht geöffneten Hand hatte: „Für deinen Schreibtisch. Da kannst du deinen Füller und Stifte hineinlegen“, hatte sie beim Weggehen gesagt. Mira, die Kinderbetreuerin, kam, um aufzuräumen und die Tür zu schließen.

„Kann ich morgen wieder kommen?“, fragte ich.

„Natürlich, wir machen Kartoffeldrucke.“

„Könnte ich lieber wieder einen Stein bearbeiten?“

„So viele du willst, wenn es dir Spaß macht.“

Meinen Fisch sollte ich nicht mitnehmen, da er mit den Arbeiten der anderen abends beim Dinner neben dem Büffet ausgestellt werden sollte. Eilig wischte ich den Staub von den Armen und Händen und lief mit schlechtem Gewissen zu unserer Wohnung. Klaus lag mit geschlossenen Augen auf dem Bett. Ich setzte mich neben ihn. „Du warst lange weg. Hast du Spaß gehabt?“, fragte er matt.

„Ich war mit Johanna im Kidsclub. Wir haben Specksteine bearbeitet. Ich habe einen Fisch gemacht. Den bringe ich nach dem Essen mit“, berichtete ich und streckte mich dabei neben Klaus auf meiner Betthälfte aus. Wir schwiegen. Ich schaute aus dem Fenster auf die Wolken, die an diesem Abend wie ein Schwarm großer Fische aussahen, die meinem Specksteinfisch ähnelten. Entspannt und müde wie seit langem nicht sah ich den Wolken nach, und ich überlegte, was ich morgen aus den Steinen entstehen lassen würde.

Auch an den nächsten Tagen ging ich nicht an den Strand, sondern zu den Steinen und bearbeitete sie; ich vergaß nicht mehr die Zeit, doch für eine Weile meine Sorgen und Ängste. Für Klaus raspelte ich aus einem weißen Stein ein Herz und ritzte die Umrisse eines zweiten kleineren tief in die Oberfläche. Ich polierte es besonders lange und rieb es anschließend mit meinem Rosenöl ein, bevor ich es Klaus gab. Er nahm es in eine Hand, strich mit der anderen, die so dünn und kraftlos geworden war, darüber. „Das fühlt sich gut an“, sagte er. An Klaus’ Beerdigung wenige Wochen später legte ich ihm das Doppelherz zum Abschied mit in die Erde. Ein Herz behielt ich für mich und legte es auf meinen Schreibtisch.

Erinnerungen an etwas Schönes helfen uns, dunkle Stunden, Einsamkeit oder Verluste zu überstehen. Das scheint der Grund, dass wir von Reisen Andenken mitbringen. So führen mich einige Dinge bei mir zuhause in Gedanken zurück an Orte, wo ich Ungewöhnliches erleben durfte. So gibt es eine Trennung zwischen Flur und Wohnbereich durch einen Vorhang, der tagsüber durch einen geflochtenen Strick zusammengehalten wird, der zu einer Peitsche gehört. Wenn diese Peitsche nicht als Gardinenhalter, sondern beim Eintreiben der jungen Hengste in Lipizza als akustische Befehle benutzt wird, entstehen dabei so laute Geräusche wie Schüsse aus einer Pistole. Ich hatte es mir von den Männern bei einem Besuch auf dem Gestüt zeigen lassen. Doch mir flog die Kordel um die Ohren, dass ich mich fast verletzt hätte.

Johanna war drei Jahre alt, als ich mit ihr nach Lipizza in Slowenien fuhr. Uns begleitete eine Freundin mit ihrem gleichaltrigen Sohn. Während ich an Film- und Fotoaufnahmen über die „Wiege der weißen Perlen, der Lipizzaner-Hengste in Slowenien“ arbeitete, betreute sie beide Kinder.

Lipizza erschien mir bei unserer Ankunft nicht so romantisch, wie ich es mir vorgestellt hatte. Den Reiz dieser Landschaft mit den endlosen Baumalleen entdeckte ich erst in den nächsten Tagen. Für jeden Hengst, der auf dem Gestüt geboren worden war, wurde ein neuer Baum gepflanzt. Ein großes, nüchternes Gebäude war das Gästehaus, das heute, nach mehr als zehn Jahren, sicher zu einem modernen Hotel umgebaut ist. Ich bekam das größere Zimmer, weil dort ein Schreibtisch vor dem Fenster stand, von wo aus ich den Ausblick auf die Stutenweide mit den Fohlen genoss.

Mein kroatisches Kamerateam, mit dem ich die nächsten Tage verbringen würde, reiste einen Tag später aus Zagreb an, wo wir uns im Jahr zuvor bei etlichen Drehterminen im Kinderkrankenhaus kennen gelernt hatten. Durch all das Traurige, was wir im Rahmen einer Spendenaktion für den Norddeutschen Rundfunk gefilmt und erlebt hatten, waren wir enge Freunde geworden. Branimir, mein Kameramann, deutete während der Dreharbeiten jeden meiner Blicke und wusste, welche Motive ich haben wollte. Diese Kinder im ehemaligen Jugoslawien waren, wie bei allen Kriegen dieser Welt, die unschuldigen Opfer. Viele hatten nicht nur ihre Gesundheit, ihre Mütter und Väter, sondern vor allem ihre Fröhlichkeit und ihre Kindheit verloren.

Gerade diese Dreharbeiten wurden zu meiner wertvollsten Arbeit. Die Aufnahmen veranlassten die Zuschauer, fast 500.000 Euro für das Krankenhaus, wo die verletzten und kranken Kinder aus allen Regionen des ehemaligen Jugoslawien zusammengekommen waren, zu spenden. Am Abend beim gemeinsamen Essen in Zagreb planten wir, irgendwann gemeinsam einen Film zu realisieren, der nicht so ein trauriges Thema haben sollte. So kamen wir auf die Idee, eine Dokumentation über die Lipizzaner in Slowenien zu drehen. In Lipizza hatte Branimir schon einmal Aufnahmen für einen anderen Sender gemacht, und so stellte er den Kontakt her. Die „Windrose“, eine Sendung des Mitteldeutschen Rundfunks, hatte mein Exposé angenommen. Zudem konnte ich Text und Fotos für eine Veröffentlichung im Hamburger

Abendblatt nutzen und die schönsten Aufnahmen für eine Fotoausstellung verwenden.

Von dem Gestütsleiter Stanislav, der uns in dieser Woche begleitete, lernten wir das Gestüt und seine Geschichte genau kennen. Gleich am ersten Tag führte er uns in das „Herz des Gestüts“, die uralten Stallungen mit den wertvollen Deckhengsten. Nie zuvor bin ich, obwohl ich viele Pferde gesehen habe, so edlen Pferden begegnet. Mit ihrem schimmernden Fell, der durchscheinenden schwarzen Haut und ihrem stolzen, gelassenen Gehabe glichen sie Denkmälern. Abends, beim Eintreiben der Stuten mit ihren dunklen Fohlen von der Weide in den Stall half ich mit und fühlte mich fast heimisch. Fasziniert filmten wir das Spiel der halbwüchsigen Junghengste, die nicht nachließen, auf den Hinterbeinen stehend mit wehenden Mähnen und Schweifen und wildem, tiefem Wiehern ihre Kräfte zu messen. Erst beim Knallen der besagten Peitschen beendeten sie ihr Spiel, und die Herde galoppierte schnaubend über die weiten, grünen Weiden.

In den Zeitraum unseres Besuches fiel die erste künstliche Besamung, die vor allem für die Gestütsleute ein besonderes Ereignis war. Für mich war die Aktion auf dem Innenhof vor den Stutenställen, wie einer der Hengste an eine rossige Stute geführt und sein Samen, während er sie bestieg, in ein Gefäß abgeleitet und sofort in einen Kühlbehälter gestellt wurde, eher eine Peinlichkeit; auch, weil ich die einzige Frau unter den Gestütsleuten, Tierärzten der medizinischen Hochschule, den Helfern und in meinem Team war. So stellte ich mich ein wenig abseits und gab Branimir leise Regieanweisungen. Der Fortschritt, wozu die künstliche Besamung seit langem zählt, hatte nun auch Einzug in Lipizza gehalten, was sicher zeitgemäß ist; doch empfand ich dies als einen Eingriff in die Natur, und irgendwie entwürdigend für diese herrlichen Tiere.

Als letztes drehten wir eine Quadrille, die extra für uns vorgeführt wurde und die ich bisher nie so gekonnt und akkurat, dabei schwungvoll und leicht, gesehen habe. Stanislav fragte mich anschließend, ob ich einen der edlen Hengste reiten wolle, was ich mich nicht zu fragen gewagt hätte.

Ich war froh, dass ich meine Reitstiefel und -hose eingepackt hatte, und zog zu diesem besonderen Anlass eine weiße Bluse dazu an. In Jeans und T-Shirt hätte ich nicht zu diesem Pferd gepasst. Wie oft bin ich seit meiner Kindheit durch Felder, Wälder und durch die Heide geritten, habe an einer Jagd in der ungarischen Puszta teilgenommen, war mit den Guardians in der Camargue durch Schilf und Wasser gestreift. Doch dieser Ritt in Lipizza unterschied sich von allen: Ich schwebte bei den wiegenden Bewegungen auf dem Lipizzaner in dem antiken hohen Tattersaal mit den Kronleuchtern unter der Stuckdecke dahin; wie einfach waren die fliegenden Galoppwechseln unter Anleitung von Stanislav und bei einer leisen Marschmusik, die aus einem Lautsprecher klang. Weniger lag es an meinem reiterlichen Können, das ich für durchschnittlich halte, als an dem exzellent ausgebildeten Hengst mit seinen vollendeten Gängen, dass dieses Reiterlebnis zum schönsten im meinem Leben wurde.

Nach Abschluss der Dreharbeiten wollten wir unser Treffen mit einer gemeinsamen Kutschfahrt und einem Picknick ausklingen lassen, aber es kam wieder einmal alles anders. Branimir hatte in den Nachrichten gehört, dass im

Zentrum von Zagreb eine Bombe explodiert war, obwohl der Krieg seit mehr als zwei Jahren vorbei war. Angespannt saß er in seinem Auto, verfolgte die Neuigkeiten aus dem Radio und drängte nach kurzem Abschied zum vorzeitigen Aufbruch.

Die Kinder und meine Freundin hatten sich, während ich arbeitete, die Zeit mit Kutschfahrten, Ponyreiten oder Besuchen auf dem Spielplatz vergnügt. Beim Abendessen planten wir am letzten Tag einen Besuch in eine der nahegelegenen Höhlen. So standen wir am nächsten Morgen zwischen einigen Feriengästen vor einer niedrigen Holztür, die in einen Berg führte. Hätte ich geahnt, was uns hinter dieser Tür erwarten würde, wäre ich umgekehrt. Zumindest hätte ich darauf bestanden, feste Schuhe und warme Jacken anzuziehen sowie eine Taschenlampe mitzunehmen. Vielleicht hätte ich zuvor noch einen Schluck von den Obstbränden aus dieser Gegend zu mir genommen, um gelassener die nächsten Stunden zu überstehen. Niemand hatte uns vorgewarnt. So gingen wir anfangs noch fröhlich plaudernd durch eine Art Tunnel in eine feuchte Halle und folgten im Gänsemarsch unserem Führer, der einen Helm mit einer Lampe trug. Fast drei Stunden dauerte diese Wanderung über schmale Pfade, die in die Bergwand gehauen und nur mit einem Drahtseil gesichert waren. Wir gingen immer tiefer in die Höhle über schwankende Hängebrücken, die über tiefe Abgründe mit Wasserläufen führten, und durchquerten gigantische kathedralenähnliche Gewölbe. Es war wie in einem Traum, der nicht endet, bis plötzlich der Strom ausfiel und alle Lämpchen an den Wänden, die ein schwaches Licht gegeben hatten, erloschen. Der Führer sagte etwas in Slowenisch, was wir nicht verstanden, und verließ uns, um die Sicherung zu suchen. Mit ihm schwand die einzige Lichtquelle. Eine Nacht mag dunkel sein, aber nicht so tiefschwarz wie jene unterirdische Finsternis. Ich hielt Johannas kleine, kalte Hand fest, umfasste ihre Schultern. Das war mein Halt in dieser Dunkelheit, die mich zu erdrücken drohte. Dann endlich funktionierte das Licht wieder. Wie lange es gedauert hatte, weiß ich nicht, die Zeit war stehen geblieben. Als wir etwa eine weitere Stunde gegangen waren, schien uns auf einmal wie durch ein Fenster das Tageslicht entgegen. Wir kamen zu einem riesigen Felsentor, vor dem sich ein klarer, blauer See befand. An dessen Ufer wuchs ungewöhnlich leuchtend grün im Gegensonnenlicht ein Baum. Offensichtlich hatten wir einen Rundgang unternommen, denn gleich neben der Höhlenöffnung hinter einem Felsen lag der Eingang. Hier fand ich auch meine Freundin und ihren Sohn wieder, die wir in der riesigen Höhle aus den Augen verloren hatten. „Das war einmalig", sagte sie strahlend, allerdings mit blauen Lippen von der Kälte. Mir wurde wieder einmal bewusst, wie unterschiedlich wir Menschen empfinden, denn ich war nur erleichtert, dass wir vier diese Höhle unbeschadet verlassen hatten.

Am Kiosk kaufte ich eine Kassette, die Musiker aus Lipizza in der Höhle aufgenommen hatten. Einige der Stücke legte ich später unter die Filmpassagen als ungewöhnliche akustische Untermalung.

Auf unseren weiteren Reisen, die zwischen drei und sieben Tage dauerten, begleitete uns künftig Johannas Schulfreundin Anneliese, die wegen der Trennung ihrer Eltern oft bei uns war und in dieser Zeit fast wie eine Schwester für Johanna wurde. Da dieses halbkolumbianische Mädchen mit den Wuschelhaaren von einer ansteckenden Fröhlichkeit war, lachten wir viel und hatten viel Spaß miteinander, vor allem, wenn wir mit Walli zusammenkamen. Am Gardasee genossen wir die dünnsten und schmackhaftesten Pizzas, die wir je gegessen hatten, schwammen im See um die Wette, schliefen zu viert im Doppelbett und konnten vor Lachen und Kichern oft nicht einschlafen.

Hätte ich nur jeden Moment, jedes Lachen noch mehr genossen, denn drei Jahre danach starb Anneliese, zwei weitere Jahre später Walli, wobei Annelieses Tod für uns immer unerklärlich bleiben wird, da sie freiwillig aus diesem Leben ging. Zurückblickend denke ich jetzt auch an die „andere Seite“ von Annelieses Wesen, der ich damals keine Bedeutung schenkte, die jedoch eines Tages von ihr Besitz genommen haben muss und sie ratlos werden ließ. So passierte es zum Beispiel bei einem gemeinsamen Wochenende zu dritt in Timmendorf an der Ostssee, dass Annelieses Fröhlichkeit während des Essens in einem Chinarestaurant erst in eine Gereiztheit und dann fast in eine Unverschämtheit umschlug, die dem Kellner galt. Sie lästerte laut über sein Aussehen. Ich ermahnte das Mädchen, doch es hörte nicht auf, sodass ich mich beeilte zu zahlen und wir das Lokal bald verließen. „Was sollte das? Es ist unmöglich, wenn du im Beisein des Kellners schlecht über ihn redest“, sagte ich draußen ärgerlich. „Aber der war doof.“ „Er war nicht doof, und wenn du das meinst, behalte es für dich.“ Wir gingen anschließend in unsere Hotelbar, wo die Kinder einen großen, bunt dekorierten Begrüßungscocktail ausgiebig genossen, bis Anneliese begann, die Erdnüsse aus der Schale auf unserem Tisch nicht nur zu essen, sondern damit auf die Lampen zielte, obwohl ich ihr das untersagte.

„Du verdirbst uns den ganzen Abend“, sagte ich auf dem Zimmer und fragte sie, warum sie sich so verhalten habe. Sie sah mich an und sagte ernst: „Ich weiß es nicht. Manchmal bin ich so, wie ich nicht sein will.“

Nach der vierten Klasse besuchten die beiden Mädchen unterschiedliche Schulen, und Anneliese kam seltener zu uns. Wir trafen sie beim Hockey, wo sie mit Johanna in einer Altersgruppe spielte. Als sie einige Male nicht zum Training gekommen war, drängte Johanna ihre Freundin, doch wieder teilzunehmen. Sie bat mich, Anneliese auf dem Weg zum Training von der Wohnung abzuholen. Doch sie war nicht zuhause, verbrachte ihre Zeit mit anderen Freundinnen in der Stadt. Einmal traf ich Anneliese auf dem Schulweg und hätte sie fast nicht erkannt, denn sie hatte sich ihre schwarzen Haare weißblond gefärbt. Die standen wie Stroh spröde vom Kopf ab. „Anneliese, wie siehst du denn aus? Was hast du mit deinen schönen Haaren gemacht? Komm doch mal wieder zu uns. Du fehlst uns“, lud ich sie ein, und sie kam einige Tage später. Wie früher saß sie neben Johanna auf der Holzbank in der Küche und die Mädchen erzählten und lachten. Doch etwas war anders. Annelieses Augen hatten ihre Fröhlichkeit verloren, und sie wich meinem Blick aus. „Was ist mit dir, kleine Anneliese?“, dachte ich.

Es waren einige Wochen oder Monate vergangen – zum Hockeytraining war sie nicht mehr erschienen – als ihre Mutter Elly mittags anrief und mich eindringlich bat zu kommen. Da sie mit Akzent spricht und ich sie nicht verstand, fragte ich einige Male nach, warum ich sie besuchen sollte. Etwas sei mit Anneliese geschehen, meinte sie. Also fuhr ich hin, ging nachdenklich die drei Treppen hoch. Die Wohnungstür war angelehnt. Elly umarmte mich, sie war blass unter ihrer dunklen Haut; wirkte fahrig, fast verwirrt. In der Küche sah ich einen Nachbarn Kaffee kochen. „Was ist mit Anneliese?" „Die Polizei war hier", sagte Elly ohne Tränen schluchzend. Sie stöhnte und begann, einige Gegenstände sinnlos hin und her zu rücken, als wollte sie aufräumen.

„Was ist mit der Polizei? Ist Anneliese weggelaufen?"

Elly konnte es nicht aussprechen, flüsterte nur unentwegt den Namen ihrer Tochter und dass wir ihre besten Freunde seien. Der Nachbar sagte es mir dann endlich in kurzen Sätzen, dass Annliese tot sei, vom Zug überrollt, vor den sie gelaufen sei. Angeblich auf dem Weg zur Schule. – Nein. Etwas krallte sich in mein Inneres. Schmerz. Wut. Und ein unendliches Mitleid mit der Mutter. In der Nacht war Anneliese nicht nach Hause gekommen. Morgens war sie dann in der Nähe der Schule vor einen Zug gelaufen. Warum? Warum hatte sie mit knapp 14 Jahren diesen Schritt vom Leben in den Tod getan? Wer oder was mag sie dazu veranlasst haben? Vermutungen gab es einige, aber keine Antwort für Johanna und für mich. Als ich ihr die Nachricht mitteilte, sagte sie nur weinend: „Nicht Anneliese!" Wenn ich zum Friedhof gehe und das Grab von Klaus besuche, kann ich von da aus das von Anneliese sehen. Johanna möchte mich nicht begleiten. Bis heute nicht. Wir haben bisher nie über Klaus' Tod sprechen können und ebenso wenig über Annelieses Schicksal. Worte gibt es dafür nicht, aber einen Schmerz, der bleibt. Ebenso aber auch die Erinnerung an unsere Fröhlichkeit, vor allem während unserer gemeinsamen Reisen.

Inzwischen hat unser Leben ohne Klaus, ohne Anneliese und etliche andere geliebten Menschen, die vor uns gegangen sind, eine Gewohnheit bekommen, wozu auch das Reisen gehört, was wir unsere „Mädel-Touren“ nennen; sie dauern zwischen drei und sieben Tage und sind für Johanna, ihre Freundin Elisabeth, Vicky und mich ein großes Vergnügen. Eine Ausnahme war die Romreise, die ich als Bereicherung für Johanna geplant hatte, da sie seit einigen Jahren Lateinunterricht in der Schule hat. Der 15-Jährigen stand beim Besichtigen der Kulturstätten ständig die Frage im Gesicht: Was soll ich hier eigentlich? Ein Streik der öffentlichen Verkehrsmittel zwang uns zu endlosen Fußmärschen durch die Stadt, zudem lag unser Hotel 20 Kilometer außerhalb von Rom und die Taxifahrer verlangten Wucherpreise. Dagegen hatten wir wunderbare Erlebnisse in Paris, Berlin und in Südfrankreich. Ich erfreute mich beim Aufwachen an dem Anblick der jungen Mädchen. Wenn dann allerdings nach dem Frühstück eine shoppen, die andere lieber an den Strand gehen wollte und die dritte einen Museumsbesuch vorschlug, wünschte ich mir die Frage von meinen Reisebegleiterinnen: „Was möchtest du eigentlich?“ Dann wäre meine Antwort: Harmonie. Die stellte sich immer schnell ein, weil wir gemeinsam eine Lösung fanden: Erst ging es, falls vorhanden, an den Strand, dann ins Museum und anschließend shoppen und zwischendurch ins Cafe.

Eine Enttäuschung gab es während unseres letzten Frankreichurlaubs in meinem Traumhotel, wo ein Sandsturm die im Schilf versteckte Hofanlage in der Camargue bei unserer Ankunft fast zudeckte. Hier hatte ich vor vielen Jahren mit Klaus und Johanna einige Tage verbracht und mir gewünscht, einmal in diese malerische Idylle zurückzukehren. Vicky sah mich mit Tränen in den Augen an, während wir die kleinen, aber urigen Zimmer bezogen, und meinte: „So habe ich es mir nicht vorgestellt. Aber ich hätte es mir ja denken können; dein Traumhotel kann nur am Ende der Welt liegen.“ Das tat mir leid, denn ich empfand es trotz des Sturms genauso so schön wie damals, darum schwieg ich. Der Sandsturm legte sich am nächsten Morgen und die Sonne schien. Wir entdeckten einen Schwarm von Pelikanen vor dem Hotel und verbrachten drei wunderbare Tage. Vicky unternahm weite Ausritte mit den weißen Camarguepferden. Wir gingen gemeinsam in Saint Marie de la Mer shoppen und fanden einen schönen Strand zum Sonnenbaden und Schwimmen. Diese Reise lege ich zu den schönen Erinnerungen in meinem Leben. Sie hat mich in mein Traumhotel und auch mit meinen Töchtern und einer jungen Freundin zusammengeführt.

So ist jede Reise, die wir unternehmen, ein kleines Abenteuer. Wir nehmen für eine begrenzte Zeit ständig Neues auf, eine andere Umgebung, fremde Gerüche, andere Menschen, Sprachen und Essgewohnheiten. Einiges kann man im Bild mit der Kamera festhalten, aber einiges nur mit dem Herzen. Darum sollten wir uns den Eindrücken öffnen und später beim Anblick einer Muschel oder eines Steines, den wir gefunden haben, uns daran erinnern und freuen über diese Reise wie über ein Geschenk.

Mutgedanke

Es ist mutig, mit Neugier und Freude auf Reisen zu gehen, die gewohnte Umgebung für eine Weile zu verlassen, ohne zu hohe Erwartungen zu haben. Jeder Ausflug ist ein Erlebnis, das uns bereichert. Kleinigkeiten, die uns nicht gefallen, sollten wir gelassen hinnehmen und uns nicht die Stimmung verderben lassen.

KAPITEL 15
Katzen

Oft werde ich gefragt, wer die vielen Tiere versorgt, wenn ich mal nicht da bin, und ob ich überhaupt wegfahren kann. „Das lässt sich irgendwie organisieren“, ist dann meine Antwort, denn ich bin nicht Sklave meiner Tiere und einen gewissen Freiraum gestehe ich mir zu.

So fällt es mir schwer zu akzeptieren, wenn jemand meint, er könne keinen Hund halten, weil er niemanden habe, der ihn im Urlaub versorgt. In Wirklichkeit möchte er keinen Hund.

Der wahre Grund, sich keinen Hund zu halten, ist bei vielen auch die schmerzhafte Vorstellung von dessen begrenzter Lebensdauer von höchstens 15 Jahren. Von sechs Hunden musste ich mich bisher verabschieden: Ingo, Motte, Ronja, Max, Puschkin und Shirley, die kleine süße Kläfferin. Jeder hat mein Leben auf seine Art bereichert. Bei Ingos Tod, einem deutschen Schäferhund, war ich 14 Jahre alt, und ich glaubte, mein Herz würde zerbrechen. Auch Mottes Weggehen nach 14 Jahren gemeinsamer Zeit hat mich mitgenommen. Obwohl der Boxer-Schäferhundmischling Probleme mit den Ohren hatte, nicht mehr hören und kaum sehen konnte, auf den Hinterbeinen lahm wurde und bis auf die wenigen Momente beim Sonnenbaden und Fressen nur noch eine geringe Lebensqualität hatte, konnte ich Motte nicht loslassen. Bis heute mache ich mir deshalb Vorwürfe, dass ich nicht eher den Mut hatte, sie einzuschläfern und sie damit zu erlösen.

Der Abschied von lieben Menschen und Tieren in den vergangenen Jahren hat mich inzwischen gelehrt, trotz des Abschiedsschmerzes, in Liebe loszulassen. Dennoch leide ich bei jedem Hühnchen, das stirbt, und wenn ich wieder einmal ein kleines Grab ausheben und es hineinlegen muss. Als Susi, eines der Hängebauchschweine, getötet werden musste, wurde mir bewusst, wie lieb mir dieses inzwischen riesengroße Tier geworden war, das ich anfangs abstoßend und hässlich fand.

Wenn ich also eine Weile, nie länger als eine Woche, verreise, weiß ich, dass meine Tiere gut versorgt sind. Futtervorräte sind vorhanden, und an jedem Behälter in der Kammer hängt ein Zettel wie „Für die Schweine! Bitte noch Öl hinzufügen" oder „Kükenfutter – dreimal täglich" oder Ähnliches. Bis auf die drei Hunde schaut keiner der Tiere hinter mir her, wenn ich aufbreche. Das tue ich selbst, indem ich mir ausmale, was alles passieren könnte: Den Habicht sehe ich die Hühner holen; die Ziegen könnten ausbrechen und den Garten vernichten und die Lamas die für sie giftigen Rhododendren fressen.

Heute weiß ich, die Tiere vermissen mich während meiner Abwesenheit nicht und halten nicht ständig nach mir Ausschau. Sie bleiben auch ohne mich in der Zeit von meiner Abreise bis zur Ankunft dieselben. Doch glaube ich, dass sie durch meine Anwesenheit eine Sicherheit und Vertrautheit empfinden. Diese gehört inzwischen zu ihrer Gewohnheit wie die Gerüche und Geräusche ihrer Umgebung, der Geschmack der Grashalme und so vieles mehr, was ich als Mensch nicht wahrnehme. Wie ich mit einem Blick erkenne, wenn ich auf die Weide zu den grasenden Tieren gehe, wo sie gerade stehen, ob sie ruhen, es einem nicht gut geht, ihnen kalt ist oder sie sich in der Sonne wohlfühlen, haben sie ihre „Antennen" für mich. Dabei nehmen sie nicht wahr, ob ich in Eile bin, ob ich Sorgen oder Schnupfen habe, ob ich verärgert oder gutgelaunt bin. Meine Kleidung ist ihnen ebenfalls egal, wobei sie wegen ihres ausgeprägten Geruchssinns eine Aversion gegen Parfüm haben dürften, das manchmal an mir haftet. Für meine Tiere bin ich als ein ihnen vertrauter Mensch einfach nur da. Dagegen reagieren sie mit Vorsicht auf fremde Besucher. Vielleicht bringen sie, wie vor allem Sancho, die Begegnung mit Menschen noch immer in Verbindung mit Schmerz oder Zwängen und gehen ihnen deshalb aus dem Weg.

Beim Zusammenleben mit meinen Tieren gelange ich in einigen Momenten nahe an ihre Empfindungswelt, wobei mir bisher unser Kater Filou als einziger fremd und in seinem Verhalten oft unverständlich ist. Die elegante, leise Beweglichkeit einer Katze finde ich ebenso faszinierend wie ihren Eigensinn, ähnlich wie bei den frei lebenden Tieren. Ihre intensive, schmeichelnde Zuwendung und ihre geheimnisvollen Blicke bewegen mich, und das Schönste an jeder Katze ist für mich ihr Schnurren, dieser unvergleichliche Endloshörgenuss, der Geborgenheit, Gemütlichkeit und Liebe vermittelt.

Als Kind kannte ich Katzen lange nur aus der Entfernung, da meine Mutter sie nicht mochte und diese aus unserem

Garten verscheucht wurden. „Von Katzenhaaren bekommt man Würmer“, wurde mir gesagt. Dennoch verschaffte sich eine dreifarbige Katze, die ich Minka nannte, immer wieder Zutritt. Sie war klug und dreist, und ich liebte sie sehr. Heimlich brachte ich ihr hinter einem dichten Gebüsch in unserem Garten, Milch oder Essensreste. Bis heute erinnere ich mich an den Geruch von den Sprotten, der auch nach dem Waschen lange an meinen Händen haftete. Wenn meine Mutter nachmittags in der Stadt einkaufen war, holte ich Minka in mein Zimmer, wo ich mit ihr schmuste. Zum ersten Mal hörte ich so das Schnurren einer Katze und konnte dieses Geräusch nicht einordnen. Ich legte mein Ohr an ihren Bauch, doch das Geräusch kam eher aus dem Kopfbereich.

Meine Mutter bemerkte eines Tages die Katzenhaare an meinem Pullover und meinte, dass ich mich wegen der Würmer von der Katze fernhalten sollte. Von da an hatte ich ständig das Gefühl, wenn ich mit Minka zusammen war, ein Katzenhaar im Mund zu haben, was sicher nicht der Fall war. Minka erschien eines Tages mit ihren vier Katzenkindern im Garten. Meine Eltern entschieden sich, dass die Katze mit ihrem Nachwuchs weg müsste. Zwei Tage später kam ein Mitarbeiter meines Vaters, der als Jäger Erfahrung im Umgang mit Tieren hatte. Sie lockten die Katze mit ihren Kindern in die Garage und steckten sie nach einer aufwändigen Einfangaktion in einen Sack. Mein Vater hatte mir versichert, dass die Katzen auf dem großen Gelände eines Bauern, der sie auch versorgen wollte, freigelassen würden, was ich ihm auch glaubte, weil er nie log. Der Sack mit den wild zappelnden Katzen sollte im

Kofferraum unseres Autos verladen werden. Während mein Vater ihn hineinpackte, schlug der Mitarbeiter die Klappe zu – auf den Kopf meines Vaters. Es gab ein dumpfes Geräusch, mein Vater hielt sich den Kopf, wo außer einer Beule keine schlimmere Verletzung entstanden war. Einen Moment waren alle erschrocken. Doch ich hatte kein Mitleid mit ihm, eher mit Minka und ihren Kindern. In einem Buch über ungewöhnliche Tiergeschichten hatte ich gelesen, dass Katzen oft nach Hause zurückfinden. So wartete ich täglich auf Minka und stellte immer wieder frische Milch in das Gebüsch, damit sie gleich bei ihrer Ankunft merken sollte, dass ich sie nicht vergessen hatte. Die Milch blieb unberührt.

Erst als junge Frau bekam ich wieder Kontakt zu Katzen. Mein erster Mann war ein Katzenfreund, und so holten wir eines Tages einen schwarzen Kater zu uns. Als unser Kater Puma inzwischen einige Jahre alt und dick geworden war, nahmen wir ihn bei unserem Umzug von einem Dorf in Niedersachsen mit nach Berlin, wo er sich im Gegensatz zu mir gut einlebte. Manchmal wünschte ich mir, mein Mann würde ebenso freundlich und sanft zu mir sein wie zu Puma. Als ich allein, mit meiner kleinen Tochter, für immer aus Berlin fort ging, ließ ich auch den Kater zurück.

Für keines der Tiere auf unserem kleinen Hof gibt es Regeln, weil sie alle harmonisch miteinander leben. Unser schwarzweißer Kater Filou lebt sein eigenes Leben, kommt und geht, wie und wann er will, schläft, wo es ihm gerade behaglich ist, nimmt sich zu fressen, was er möchte, und würde man ihn gewähren lassen, würde er abwechselnd in Johannas oder in meinem Bett oder sogar auf dem Küchentisch schlafen. Er würde die Küken ebenso verzehren wie an unserem Essen naschen. Inzwischen versuche ich, ihn nicht mehr zu erziehen, aber ich wehre mich, schließe die Türen zum Schlafzimmer, verstelle den Tisch mit Blumenvasen, verscheuche ihn laut schimpfend oder setze ihn nach draußen, wenn er zu dreist wird, und schütze die ganz kleinen Küken, indem ich sie in ein Gehege setze. Während ich diese Zeilen schreibe, schläft er im Sessel vor dem Kaminofen, was der schönste Platz im Haus ist, und ich empfinde seine Gegenwart als angenehm. Ab und zu höre ich sein Schnurren, das er zwischendurch wie einen kleinen inneren Motor anstellt. Als er neulich zwei Tage verschwunden war, habe ich ihn vermisst und nach ihm gerufen; ich hatte nicht gedacht, dass er mir fehlen würde. Denn eigentlich ist es Johannas Kater. Für sie hatte ich den schwarzweißen Filou von einem Hof vor zwei Jahren mitgebracht, weil sie Katzen sehr gern hat.

Es ist etwas Besonderes, das von Katzen ausgeht, und so zieht mich auch Filou in seinen Bann; allerdings habe ich kein Verständnis, dass er Vögel tötet, selbst wenn er satt ist.

Wenn ich dem Kater seine Futterschüssel gefüllt habe, meist noch mit einem kleinen Nachschlag, den er mit piepsigen Tönen wie ein Babykätzchen verlangt, und er darauf in den Garten marschiert, kann es passieren, dass ich kurz darauf das laute Schimpfen einer Amsel höre. Diesen angsterfüllten Hilferuf kann ich inzwischen von normalen Vogelrufen oder -gesang gut unterscheiden. Dann lasse ich alles stehen und liegen, rase in den Garten, sogar manchmal morgens um vier Uhr im Schlafanzug, wenn ich von dem Rufen geweckt werde, und klatsche laut in die Hände. Entweder fliegt aufgeschreckt ein Eichelhäher weg, manchmal mit einem Vogelkind im Schnabel, oder unser Kater hüpft davon.

Unser Kater hat sich inzwischen trotz allem einen Platz in meinem Herzen erschlichen. Ich verzeihe ihm manches und gebe ihm vielleicht stellvertretend für all die unzähligen Katzen dieser Welt, die leiden müssen, meine Zuwendung. Viele streunen hungernd durch diese Welt. Krankheiten und Würmer zehren ihre Körper aus, und viele enden nach langem Sterben, weil sie am Leben hängen, wie kaum ein anderes Tier. Auch wird ihnen, wie in China, am lebendigen Leib das Fell abgerissen, das dann, wie auch Hundefelle, für irgendwelche Verzierungen an Kleidung genäht wird. Nachdem ich einen Film darüber gesehen habe, graut es mir vor jedem Kleidungsstück, an dem eine Fellverzierung angenäht ist.

Wenn wir, wie es auch in „Desiderata" heißt, alle Kinder dieses Universums sind, wie die Bäume und Tiere, wie können wir unsere Mitlebewesen misshandeln, ohne uns schuldig zu machen? Diese Vergehen, die wir gern verdrängen und die nicht nur die Katzen und Hunde in China betreffen, sondern jedes gefangene Huhn in einer Legebatterie, jedes sinnlos leidende Versuchstier und sei es ein Kaninchen, dem beim Allergietest Haarwaschmittel in seine empfindlichen Augen geträufelt wird und das sich vor Schmerz fast wahnsinnig die Augen auskratzt, oder den Affen, der im Urwald gefangen, sogar bei uns in der Nordheide in einer Versuchsanstalt landet, wo er beim Fixieren in einem Labor schon irre wird. Was sind wir doch für Unmenschen. Wir stopfen uns voll mit Fleisch und Wurst, ohne darauf zu achten, woher es stammt, und an die Folgen für unsere Gesundheit zu denken. Nicht jeder kann und soll Vegetarier sein. Doch es gibt eine ganz einfache Regel: Maß halten und auf Qualität achten.

Mich beeindruckt, was Terzani, der viele Jahrzehnte mit Genuss Fleisch verzehrte und dann Vegetarier wurde, in seinem Buch dazu schreibt:

„Mit der Zeit stellte ich fest, dass ich Tiere, da ich sie nicht mehr als Nahrung betrachtet anders wahrnahm und sie mehr und mehr als Mitlebewesen empfand, als Teil desselben Lebens, das die Erde bevölkert und ihr Bild formt. Heute stößt mich allein schon der Anblick eines Steaks ab; beim Geruch von gegrilltem Fleisch wird mir übel. Und die Vorstellung, dass man Tiere aufzieht, um sie anschließend umzubringen und zu essen, tut mir weh."

„Was isst du eigentlich noch?", werde ich manchmal bei Diskussionen über gesundes Essen und meine eigene Ernährung gefragt. Ich wirke keineswegs halb verhungert, außerdem genieße ich das Essen, besonders in Gesellschaft. Es geht nicht darum, bei jedem Bissen fanatisch zu bedenken, was ich zu mir nehme, aber zwischen dem Verschlingen von Mastschweinnackensteak zum Sonderpreis und dem Knabbern einer Biowurzel ist die Auswahl groß für einen reich gedeckten Tisch mit delikaten, nahrhaften, köstlichen Nahrungsmitteln, die es zum Glück auf dieser Erde noch gibt, wobei ab und zu auch ein Stück Kuchen oder ein Croissant nicht fehlt.

Mutgedanke

Es ist mutig, ein Tier zu sich zu holen, gewissenhaft für sein Wohl zu sorgen und, wenn es krank wird oder aus Altersgründen leidet, es loszulassen. Auch sollten wir ihm geben, was seiner Art und seinem freiheitsliebenden Wesen entspricht.

Alle Tiere sind, wie wir, Geschöpfe dieses Universums. So dürfen wir nicht zulassen, dass auch nur ein Tier durch uns leidet.

KAPITEL 16

Das Geschenk

Unser Leben ist ein Geschenk, auch wenn uns das nicht immer bewusst ist. Momente, in denen wir uns verlieben, ein Kind geboren wird, wenn es Frühling wird, wir schöne Musik hören, Freunde treffen, ein gutes Essen genießen, uns jemand anlächelt, wir eins mit uns sind – das alles sind Geschenke, die uns glücklich machen.

Und dann gibt es die anderen Geschenke… die man kaufen kann. So wünschte ich mir als Kind zu Weihnachten eine gelbe Giraffe aus Kunststoff, etwa so groß wie ein Schäferhund mit einem biegsamen Hals. Ich sehe sie heute noch vor mir, wie sie vor fast 50 Jahren in der Spielzeugabteilung eines Kaufhauses in Paderborn stand. Ich bekam sie nicht.

Dagegen erfüllte sich an einem Weihnachtsfest mein Herzenswunsch nach einer Dampfmaschine, die ich mit Begeisterung in Betrieb setzte und an alle möglichen Zusatzteile, wie ein kleines Windrad und eine Säge, anschloss. Daran erinnere ich mich, als mein Freund Marek mich nach einem Geburtstagswunsch fragt und ich mir ein Windrad von ihm und einigen anderen als Gemeinschaftsgeschenk wünsche. Da bei uns auf der Weide fast immer ein Wind weht, könnte ich mit einem relativ kleinen Rad, Strom für die Beleuchtung im Ziegenstall erzeugen.

Einen Tag vor meinem Geburtstag rollt dann ein Lieferwagen auf den Hof, und ich kann kaum erwarten zu sehen, was der Fahrer auslädt. Im Halbdunkel der Ladefläche erkenne ich ein Rad. Endlich bekomme ich ein Windrad, glaube ich. Der Fahrer wuchtet mit viel Mühe ein Fuhrwerk runter mit zwei großen Rädern. Die gehören nicht zu einer Windanlage, sondern zu einem antiken Wagen aus Holz. Ich meine, es müsse ein Irrtum vorliegen, als er den Karren vor mich hinstellt, und frage nach dem Lieferschein. Sprachlos sehe ich auf das Gefährt mit den beiden Speichenrädern und den langen Griffen. In südlichen Ländern wird so etwas auf dem Land als Eselskarren benutzt.

„Ich wollte keinen Eselskarren, der nur herumsteht, ich will ein Windrad", meine ich später zu Marek. Wir sind beide enttäuscht: der Schenkende, weil ich keine Freude zeige, obwohl ich doch alte Dinge mag und auch sammele, und ich, weil meine Erwartungen sich nicht erfüllt haben. Allerdings ärgere ich mich auch, wieder zu spontan und dabei taktlos gewesen zu sein. Ein bisschen Freude hätte ich andeuten können.

An den grauen Holzwagen habe ich mich inzwischen gewöhnt. Vor dem Ziegenstall stellt er eine rustikale Dekoration mit einigen Blumentöpfen dar. Außerdem können wir den Wagen immer wieder bei unseren Fotoaufnahmen für die Bio-Modestrecken unseres Magazins gebrauchen.

Über ein außergewöhnliches Geschenk, das Vicky und ihre Freundin Vivien zu meinem Geburtstag organisiert haben, freue ich mich bis heute jeden Tag wieder neu. Am frühen Nachmittag sitze ich mit einigen Freunden zusammen, schon ein wenig müde vom Erzählen und vom Sekt und enttäuscht, dass Vicky nicht gekommen ist. Sie hat morgens angerufen, mir gratuliert und sich entschuldigt, da sie an diesem Tag einen wichtigen Termin habe. Ich hatte eigentlich mit ihrer Hilfe beim Bewirten der Gäste gerechnet. Bei uns ist es an Geburtstagen üblich, dass Nachbarn und Freunde im Laufe des Tages zu Besuch kommen. So ist es ein Kommen und Gehen, als plötzlich die Hunde aufgeregt bellen. Ich vermute, sie kündigen einen weiteren Besucher an, blicke durch das Fenster zur Pforte und traue meinen Augen nicht: Mit wehenden bunten Bändern, wie ein Maibaum geschmückt, sehe ich auf unserer Auffahrt ein lamaähnliches Wesen – von Vicky an einem viel zu großen Halfter geführt – tänzelnd auf das Haus zutrippeln. Ich springe auf und staune:

„Ein Lama! Wie toll! Das kann nicht wahr sein“,sage ich und renne nach dem ersten Staunen den beiden entgegen. Hellbraun und schmal wie ein Reh kommt das Tier auf mich zu. Wie oft habe ich den Wunsch nach einem zweiten Lama als Gefährtin für „Sancho“ geäußert, aber nie damit gerechnet, es eines Tages als Geburtstagsgeschenk zu bekommen. Seit gut einem Jahr bin ich auf der Suche nach einer Lamastute, da Experten, die ich inzwischen kennen gelernt hatte, meinen, diese Herdentiere sollten nicht einzeln gehalten werden. Da alle meine Tiere mindestens einen Artgenossen haben, sollte Sancho auch nicht länger allein bleiben, obwohl er durch seine Zirkusgefährten, die drei Hängebauchschweine und die Ziegen, Gesellschaft hat. Bei etlichen Zirkussen habe ich ohne Erfolg nachgefragt. Die kleine Stute, eine Mischung aus Guanako und Lama, wie ich später von dem Scherer erfahre, hat Vicky im Internet gefunden. Ein Pferdehändler aus dem Oldenburger Land hat sie dort angeboten. Auf seinem Hof stand sie mit drei anderen Lamas in einem engen Container. Einen Auslauf gab es nur im Sommer. Schon aus Mitleid mit dem abgemagerten Tier hat sich meine Tochter mit dem Händler über den Preis geeinigt und es dann mit Vivien in deren Pferdehänger verladen. Die Rückfahrt dauerte lange, weil die beiden auf der Autobahn an der Rettungsaktion eines entlaufenen Dackels beteiligt waren. So haben die beiden jungen Frauen nach ihrer Ankunft viel zu erzählen, wobei ich nicht zuhöre, da ich zu aufgeregt bin. Zuerst befreie ich die kleine Stute von den Bändern, die noch zu ihrer Nervosität beitragen, und führe sie auf die Weide zu Sancho. Schon von weitem hat dieser den Neuzugang gewittert, hält sich aber mit hoch erhobenem Kopf zurück und steht lange wie erstarrt auf einem Erdwall. Ich wünsche mir, der doppelt so große Sancho würde die neue Bewohnerin liebevoll begrüßen. Weit gefehlt. Lamas pflegen – außer bei der Paarung – keinen Körperkontakt, wie man es von Pferden oder anderen Herdentieren kennt. So ist die erste Begegnung für die Zuschauer und vor allem für mich enttäuschend. Ich führe Fatima ein Stück auf Sancho zu. Darauf dreht dieser sich um und geht in die entgegengesetzte Richtung. Mit großen Augen schaut sich die kleine Stute in der fremden Umgebung um. Sie tut mir leid. Erst jetzt, beim näheren Hinsehen, bemerke ich den miserablen Zustand, in dem sie sich befindet. Sie ist nicht nur rappeldürr, ihr Fell ist stumpf und an manchen Stellen verklebt.

Arme Fatima, was hat sie wohl alles erlebt? Ihre Scheu vor Menschen hat sie bis heute nicht abgelegt. Komme ich ihr anfangs zu nah, zielt sie blitzschnell mit ihren Hinterhufen nach mir. Diese Tritte kann sie ungeheuer geschickt in alle Richtungen austeilen, wobei ich ihre Gelenkigkeit bewundere, aber gut ausweichen kann. Inzwischen darf ich sie, wenn auch nur sanft, am Rücken berühren.

An ihrem Ankunftstag will ich sie nicht unbeaufsichtigt auf dem fremden Gelände lassen. Sie könnte gegen den Zaun laufen und sich verletzen. Gemeinsam bemühe ich mich mit meinen Geburtstagsgästen die kleine Stute, die immer aufgeregter wird, zum Stall zu treiben. Doch sie entwischt, weil alle zur Seite springen, sobald sie angerannt kommt. „Haltet sie fest“ , rufe ich von weitem.

„Wie denn?“, fragt Vicky.

„Am Hals“, meine ich, da ich im Lama-Einfangen schon durch Sancho Erfahrung habe. Als sich Fatima an mir vorbei drängen will, schlinge ich meine Arme um ihren Hals und halte sie fest. Unter dem puscheligen Fell spüre ich die einzelnen Knochenwirbel. Ohne besondere Kraftanstrengung kann ich die Stute so in den Stall führen, dabei höre ich, wie jemand sagt: „Deine Mutter ist ganz schön mutig. Wie alt ist sie eigentlich heute geworden?“

Inzwischen wiegt Fatima dreimal so viel, und ich könnte sie heute nicht mehr einfangen. Von Anfang an folgt sie Sancho wie ein Schatten, was mich ermutigt, sie, ohne sie anzubinden, beim Spazierengehen mitzunehmen. Der Versuch, ihr im Stall ein Halfter aufzulegen, scheitert, weil sie sich geschickt wegdreht, dabei mit den Hinterbeinen auskeilt und mir diese Aktionen zu gefährlich werden. So binde ich Sancho einen Strick um den Hals, führe ihn durch die Gartentür in den Wald, und Fatima folgt uns wie ein Fohlen seiner Mutter. Anfangs bleibt sie oft stehen, wendet den Kopf mit den großen Ohren in alle Richtungen und wird immer mutiger, weicht vom Weg ab, galoppiert in den Wald, taucht überraschend vor oder hinter uns aus dem Gebüsch auf oder hüpft dann wie ein übermütiges Kind wieder davon. Offensichtlich liebt sie diese Ausflüge, bei denen sie fröhlich schnalzt und manchmal mit allen vier Beinen gleichzeitig wie ein Gummiball mit der federnden Grazie einer Balletttänzerin hüpft, worüber ich laut lache.

Wenn ich Zeit habe, nehme ich auch die Ziegen mit auf den Spaziergang, die nach kurzer Zeit wegen ihrer dicken Bäuche kurzatmig werden, aber gern an Kräutern und Gräsern naschen. Sancho halte ich an einer langen Leine. Diese Ausflüge sind für die Tiere eine angenehme Abwechslung, was ich an ihrer wachen Aufmerksamkeit erkenne. Ich genieße dieses Zusammensein und fühle mich frei wie ein Lamero, ein Lamaführer. Nur selten treffen wir andere Menschen. Einmal begegnet uns eine Joggerin. Sie hält in einiger Entfernung an, versucht die Karawane einzuordnen.

„Sie brauchen keine Angst zu haben“, rufe ich ihr zu und sie kommt langsam auf mich zu.

„Ich glaub’s doch nicht“, sagt sie, „sind das alles Ihre Tiere, mit denen Sie hier spazieren gehen?“

„Ja.“

„Und die laufen nicht weg?“

„Nein, bis auf Sancho. Das Lama muss ich anbinden.“

Die junge Frau möchte mehr von den Tieren erfahren. und ich erzähle ihr von den Schweinen, Gänsen und Hühnern, die mit mir leben.

„Darf ich Sie besuchen kommen? Mein Freund studiert Tiermedizin, den würde das sicher interessieren. Wir haben selbst eine Katze. Unser Traum ist es auch, auf einem Bauernhof mit vielen Tieren zu leben. Aber, wie schaffen Sie das mit den ganzen Tieren, auch zeitlich?"

„Natürlich können Sie gern kommen", meine ich. „Und das mit dem Schaffen klappt, weil sich alle Tiere wohlfühlen." Dann meine ich noch, sie solle fest an ihren Traum glauben, dann werde er sich erfüllen, wie bei mir.

Beim Weitergehen wird mir bewusst, wie lange der Weg von dem Traum meiner Kindheit bis zur Verwirklichung war. Meine Tiere zeigen mir die Richtung, aber meinen Weg muss ich selber finden.

Mutgedanke

Es ist mutig, zu erkennen, dass jeder neue Tag viele Geschenke für uns bereit hält und wir uns immer wieder neu darauf freuen dürfen. Abends vor dem Einschlafen können wir uns daran erinnern und „Danke" sagen.

KAPITEL 17

Die Antwort

Die Tiere gehören inzwischen zu meinem Leben. Die tägliche Arbeit auf der Weide und im Stall tut mir gut als Ausgleich zum oft stundenlangen Sitzen am Schreibtisch. Nur wenn eines der 30 Tiere krank wird, habe ich zusätzlich Arbeit und Sorgen.

„Deine Tiere haben ziemlich oft irgendetwas“, meint Marek, als ich ihn um Augentropfen aus seiner Praxis für eines der Hühner bitte.

„In einer Schulklasse ist auch immer irgendein Kind krank“, entgegne ich. Inzwischen habe ich Erfahrung im Umgang mit meinen Tieren und merke, wenn sich eins nicht wohlfühlt.

Darum behandele ich sie auch ohne Hilfe des Tierarztes, den ich nur im Notfall anrufe. Zecken, in manchen Sommern eine Plage, von Hunden und der Katze zu entfernen, Heras Wolfsklauen zu kürzen, den Ziegen die Hufe zu schneiden, Wurmkuren oder andere Mittel zu verabreichen, sind Routine. Schwierig wird das Behandeln der Gänse, wenn eine ein entzündetes Auge hat. Aber ich werde so geschickt im Einfangen und Festhalten, dass sie mich dabei nicht mehr zwicken.

Beim Zusammenstellen des Futters bin ich Expertin und weiß, dass die Ziege zum Beispiel keinen Kupferanteil im Futter verträgt und die Hühner Mineralien und Kalk brauchen; so fühlen sich die Tiere auch meistens wohl und sehen gut aus. Die Momente der Versunkenheit beim Betrachten der Tiere und der Natur erfüllen mich mit einer tiefen Ruhe. In kleinen Schritten komme ich dem näher, wonach sich jeder Mensch sehnt: dem Frieden. Doch gibt es dann wieder Widersprüche in mir und eine Sehnsucht, die ich nicht ergründen kann. Was fehlt? Wer kann mir eine Antwort geben? Ein Problem, das mich ständig Energie kostet, bleibt der verhängnisvolle Nachlass. Mein Glaube, es zu schaffen, sowie die Beratung von zwei guten Freunden führen zu einer entspannteren Situation, und schließlich würde es eine Lösung geben. Und eine Antwort auf meine Suche...

Die Sonne scheint in dem dritten Frühjahr, seitdem wir in unserem Häuschen leben, täglich wärmer. So will ich Lamas scheren lassen, da sie unter ihrer dichten Wolle leiden. Von meinen Lamaleuten habe ich die Telefonnummer eines Scherers bekommen, der sich darauf spezialisiert hat, im Frühsommer mit seinem mobilen Scherstand von Schweden bis Niedersachsen Lamas und Alpacas zu scheren, von denen es inzwischen immer mehr gibt. Wir verabreden einen Termin.

Meine beiden Lamas beobachten über der Stalltür interessiert das Aufstellen des Standes, das der Startbox auf einer Galopprennbahn ähnelt. Sancho wird als erster unwillig hineingeführt. Geschickt schneidet Heiko, der Scherer, die Wolle herunter. Immer wieder muss das Messer geölt werden, da das Lamafell sehr trocken und fettfrei ist. Sancho erhält einen Showcut, wie ihn Lamas auch für Ausstellungen bekommen. Anschließend werden die Klauen gekürzt. Dann kommt Fatima an die Reihe. Ich habe nicht geahnt, welche Kräfte diese zierliche Stute entwickeln kann. Zu zweit schieben wir sie in den Stand, wo sie sich aufbäumt, hin und her drängt, dass ich Angst bekomme, sie könne sich an ihrem Halfter erdrosseln. Diese Wildheit, erklärt Heiko, zeigen viele Guanako-Lamamischlinge. Nachdem beide Tiere die Prozedur des Scherens hinter sich haben, überrascht mich ihr Verhalten. Sie laufen nicht panikartig davon, wie ich es von Pferden kenne. Im Gegenteil, neugierig und gelassen beobachten sie aus der Nähe das Abbauen des Standes.

Die Wolle, die mehrere Säcke füllt, gebe ich einem bekannten Ehepaar. Es hat mich einige Male danach gefragt, da es noch mit dem Spinnrad umgehen kann und aus der Wolle Decken oder Tischläufer webt.

An den nächsten Tagen haben wir fast sommerliche Temperaturen, und ich bin froh, dass die Lamas geschoren sind. Sie scheinen sich wohlzufühlen. Dann wechselt zu Pfingsten das Wetter. Über Nacht wird es kalt und regnerisch. Am Sonntag gehe ich früh zum Füttern hinaus. Es regnet und ein frischer Wind weht. Schon von weitem sehe ich auf der Weide eine dunkle Erhebung, die ich nicht sofort einordnen kann. Es ist Sancho. Den Hals lang vor sich ausgestreckt, liegt er mit halb geschlossenen Augen auf dem feuchten Boden. Sein Fell ist bis auf die Haut durchnässt; seinen Körper schüttelt ein leichtes Zittern.

„Sancho“, rufe ich erschrocken, „steh auf.“

Das Lama bleibt teilnahmslos liegen. Für einen Moment bin ich ratlos. Ich rufe wieder einmal Ursel vom Handy an und bitte sie, Handtücher und Decken zur Weide zu bringen. Ich bemerke, dass die Stalltür vom heftigen Wind zugeweht ist und den Lamas nachts der Zugang versperrt war. Ich hole etwas Heu und den Strick und beginne, Sanchos Rücken kräftig zu reiben. Mit den Handtüchern, die Ursel gebracht hat, setze ich das Trocknen fort und werfe dann zwei Wolldecken über Sancho. Ich lege den Strick um seinen Hals, ziehe kräftig und aufmunternd rufend daran, während Ursel ihn von hinten antreibt. Mühsam erhebt er sich. Mit Zureden und ständigem Ziehen schaffe ich es, ihn bis zum Stall am Haus zu bringen. Dort lässt er sich sofort nieder. Ich hocke mich zu ihm; trockne nun auch seinen Kopf und die großen Ohren ab und rede sanft mit ihm. Das Futter, das ich bringe, rührt er nicht an. Ich rufe die Tierärztin an. Gleich am nächsten Morgen will sie kommen. Der Regen hat am folgenden Tag nachgelassen. Sancho ist während der Nacht aufgestanden und will nun hinaus. Erleichtert öffne ich die Stalltür; er geht noch immer wackelig und unsicher auf die Weide. Die Tierärztin scheint ein wenig ratlos, da Sancho sich wieder hinlegt und die Behandlung von Lamas nicht gerade Routine für sie ist. Die Ärztin spritzt ein Schmerz- und Aufbaumittel.

„Eine Kolik scheint es nicht zu sein. Vielleicht hat er etwas Giftiges gefressen oder Probleme mit den Nieren. Nur…“, meint sie.

Sie sieht mich einen Moment an. „Lamas sind hart im Nehmen. Wenn sie sich hinlegen, ist das kein gutes Zeichen.“

„Warum?“, frage ich und weiß die Antwort.

„Man kann jetzt nur abwarten.“

Warten, untätig sein. Drei endlose Tage und drei Nächte habe ich bei Klaus in seinem Sterbezimmer mit Warten verbracht. Ein Jahr lang bin ich neben ihm durch das Leben gegangen, während er einem anderen Ufer zuging und wir durch Worte, auf die ich vergebens wartete, nicht zusammenfanden. Innerlich lehne ich mich wieder auf, wütend, ratlos, dem Schicksal ausgeliefert.

Mutlos und langsam gehe ich zum Haus zurück und stelle auf dem Weg meinen Traum und mein Leben in Frage. „Warum ist alles so schwer? Was ist nur der Sinn?", denke ich.

„Wie geht es „Sancho?", fragt Johanna, die gerade Fernsehen guckt und kaum aufsieht.

„Er hat eine Spritze bekommen. Jetzt muss man abwarten", meine ich knapp.

„Es wird sicher alles gut", meint Johanna, „du machst dir immer zu viel Sorgen." Wie gern wäre ich manchmal noch ein Kind.

Das Telefon klingelt. Meine Mutter wirkt enttäuscht, dass ich mich an diesem Sonntag nicht gemeldet habe. Wir reden über Johannas bevorstehenden Aufenthalt in Panama. Meine Sorgen kann meine Mutter nicht zerstreuen. Im Gegenteil. Sie bedauert mich, dass ich ohne Johannas Vater, vor der Verantwortung stehe und bald für eine Weile allein leben werde. Da sind wir bei einem heiklen Thema angelangt. Seit mein Vater vor acht Jahren plötzlich im Café an einem Herzinfarkt gestorben ist, leidet meine Mutter sehr unter dem Alleinsein.

„Wann", meint sie mehr traurig als vorwurfsvoll, „kommst du mich endlich besuchen? Seit Weihnachten haben wir uns nicht gesehen." Sie hat Recht. Eine Fahrt zur ihr nach Paderborn habe ich immer wieder verschoben.

„Du weißt doch, dass ich viel zu tun habe; Johanna und die Tiere brauchen mich", entschuldige ich mich. „Spätestens zu deinem Geburtstag komme ich", verspreche ich. Es macht mir keinen Mut, als sie mich zum Abschied bedauert, dass ich mich ihrer Meinung nach immer so quälen muss.

„Warum hast du nur so viele Tiere und machst dir so diese Arbeit?", fragt sie.

„Weil ich sie liebe und sie mich glücklich machen," meine ich. Wir beenden das Gespräch und ich denke, von Glück kann an diesem Sonntag nicht die Rede sein.

„Ich gehe noch mal zu Sancho", sage ich später beim Weggehen zu Johanna, ziehe das Poncho aus Lamawolle über und nehme eine Taschenlampe und eine Decke mit. Die farblos-triste Abenddämmerung ähnelt an diesem Abend meiner Stimmung.

Auf dem Weg überlege ich, was ich falsch gemacht haben kann, dass Sancho krank geworden ist. Vielleicht hätte er nicht geschoren werden dürfen. Diese Gedankenkette führt zu Selbstzweifeln, ob alles, was ich tue, sinnvoll ist, einschließlich der Tierhaltung. Sofort setzt eine innerliche Rechtfertigung ein, dass dies schon immer mein Traum gewesen sei. Wie beim Tauziehen reißt es in mir: das Für gegen das Wider, die Hoffnung gegen die Mutlosigkeit, der Glaube gegen den Zweifel, die Last der Abhängigkeit gegen den Wunsch nach Freiheit. Ich erkenne: Dieser innere Zwiespalt löst die Sehnsucht nach einer Harmonie aus, die losgelöst ist von der irdischen Enge, in der wir alle gefangen sind.

Statt sie zu suchen und zu erkennen, wenn sie auf uns wartet, lenken wir uns ab, hören nicht auf unsere innere Stimme, wenden uns mit angespannter Aufmerksamkeit der Außenwelt zu, die immer lauter und greller wird, achten nicht auf die liebevollen und klaren Zeichen der Natur und der Stille, vertrauen nicht der göttlichen Kraft, die alles zusammenhält, auch jeden von uns, und verlieren uns immer mehr.

Habe ich nicht auch bei dem täglichen Trubel und der Geschäftigkeit versäumt, das zu erkennen? Bei meinen Tieren fühle ich mich entspannt, frei und angekommen. Das ist mein Garten Eden, meine Zuflucht, mein Halt, wie auch das Schreiben. Aber was ist in der übrigen Zeit? Was wäre ich ohne die Tiere? Wie würde ich reagieren, wenn Sancho sterben würde? Habe ich mich nach diesem langen Weg im Kreis gedreht und stehe am Anfang meiner Übungsstrecke durch dieses Leben? Soll alle Mühe, meinen Traum zu verwirklichen, vergebens gewesen sein? Auf diese Fragen finde ich schon bald die Antwort.

Sancho sehe ich nicht auf der Weide. Er liegt im Stall und kaut an einigen Halmen. Fatima ruht vor ihm. Ich ziehe das Poncho aus und lege es über Sanchos Rücken. Die Decke breite ich auf dem Boden aus, setze mich darauf und lehne mich mit dem Rücken an die Stallwand.

Es ist dunkel im Stall und so still, als atmete die Welt in dieser Nacht unendlich tief durch.

Das Mondlicht fällt durch die Tür. Der Schein spiegelt sich in Sanchos Augen. Ich versinke für eine zeitlose Weile in diesem Widerschein. Vergesse Zeit und Raum; fühle, das Leben ist ein Fest der Liebe und ich darf dabei sein.

Mutgedanke

Es ist mutig zu erkennen, dass es einen göttlichen Frieden gibt, wenn ich für ihn bereit bin. Er ist immer da, ich aber brauche Mut und Vertrauen, um meine Zweifel zu besiegen.

Epilog

Wie viele Mistkarren ich seit der Verwirklichung meines Traumes geschoben habe, kann ich nicht mehr zählen. Das macht sich allerdings auch bemerkbar an meinen Muskeln. Um diese in einem Fitness-Studio aufzubauen, hätte ich viele Stunden dort verbringen müssen.

Ich weiß auch nicht, wie oft ich den Spaten in die Hand genommen habe, um eines der Hühner oder Enten zu vergraben, wenn wieder einmal eins gestorben ist, oder wie oft ich um eines meiner Tiere gebangt und geweint habe. Sie gehören zu mir, und wenn eines von ihnen leidet, leide ich mit ihnen. Aber in meinem Herzen habe ich so viel Freude, Liebe, Lachen und Glück gesammelt durch meine Tiere und dieses wunderbare Gefühl ist der Lohn für all das Mistkarrenschieben.

„Warum schaffst du die Tiere nicht ab? Diese schwere Arbeit!“ Wie oft hat meine Mutter mir das abends am Telefon gesagt und wie gern würde ich dies noch ein einziges Mal hören, wenn sie noch leben würde. Überraschend ist sie gestorben im letzten Mai, kurz vor ihrem 92. Geburtstag, nachdem sie ihr Leben lang, zumindest solange ich sie kenne, trotz all ihrer Fröhlichkeit und Lebenslust immer wieder gemeint hat, den nächsten Tag würde sie nicht überleben, ohne besonders krank zu sein. Bis zum Schluss ist sie in ihrem Herzen ein Kind geblieben, und wie sehr vermisse ich sie. Diese Mutter, die so anders war, als ich mir meine Mutter vorgestellt hatte.

Wandern in der Natur, Reden, Singen, Beten, Geborgenheit, das alles gab mir meine Großmutter, während meine Mutter immer viel Wert auf besondere Kleidung legte und viel mit sich beschäftigt war. Angst hatte sie bis zum Schluss, vor allem vor dem Tod, doch dann ging sie ganz friedlich nach unserem letzten Treffen, bei dem ich ihr sagte: „Mutti, ich liebe dich, weil du mir das Leben geschenkt hast.“ „Ich liebe dich auch“, war ihre Antwort. Danach haben wir uns nicht wiedergesehen. Bei aller Traurigkeit über ihren Tod bin ich bis heute glücklich über diesen Abschied. Vergeben können aus tiefstem Herzen gibt uns Frieden.

„Wenn die Eltern gestorben sind, bist du oben. Niemand ist mehr über dir“, hatte mir Sabine Villard gesagt, eine Meisterin, nachdem ich sehr traurig war nach dem Tod meiner Mutter.

Nach „oben“ zu kommen, ist ein langer, oft schwerer Weg. Jeder von uns geht ihn und was wir aus dieser Wanderung machen, liegt an uns.

Ich hatte das Glück, kurz vor dem Tod meiner Mutter in Kathrin, einer jungen Frau, die mit ihrer Familie in unsere Nachbarschaft gezogen ist, einem Engel zu begegnen, der mir auf meinem Weg behilflich war.

Wir kamen ins Gespräch und sie empfahl mir ein Buch über die radikale Vergebung von Collin Tipping. Mich erreichte damit eine Botschaft, die mir darauf auch von anderen Seiten gesendet wurde.

Vergeben, ich habe nicht gewusst, wie wichtig das ist, um wirklich in Frieden zu leben. Ich legte das Buch zur Seite und mit einem Mal war mir klar, warum ich nicht vor einigen Jahrzehnten den wohlhabenden französischen Käsefabrikanten geheiratet hatte. Nein, ich war nicht die Braut in Brüsseler Spitze auf einem wunderschönen Anwesen.

Ich stolperte blutjung in die Ehe mit einem Sportjournalisten, weinte viel, wartete ständig auf ihn – und bekam meine großartige Tochter Victoria. Ohne sie, die mir oft eine wunderbare Freundin ist (auch wenn ich sie oft nerve), wäre mein Leben sicher nicht so vielseitig und spannend, vor allem was unsere gemeinsame Arbeit angeht. Meine mentale Reise in die Vergangenheit führte mich zu alten Wunden und ich erkannte mit einem Mal: Gerade sie haben mich wachsen lassen. Ich konnte den Menschen, von denen ich glaubte, dass sie mich verletzt haben, nicht nur vergeben, sondern dankbar sein. Jedem kann ich nur empfehlen, die Sichtweise auf alten Groll zu ändern. Bücher von Collin Tipping, Chuck Spezzano, Barbara Schenkbier, Robert Betz und einige andere helfen dabei. So sehe ich heute den langen Weg zur Erfüllung meines Traumes von einem Hof mit vielen Tieren wichtiger für mein innerliches Wachsen als das Ankommen.

Irgendwann bekam mein Zuhause auch einen Namen, der wunderbar passt. Meine Freundin Petra hat mir eine bunte Keramikfliese aus Portugal mitgebracht, auf der Ave Maria steht und die ich am Haus anbrachte. Als ein junges Kamerateam bei mir Aufnahmen machte, sagte einer von ihnen. „Ave, das ist ist ein schöner Name für den Hof."

Von einigen Tieren möchte ich noch erzählen, von denen, die inzwischen gegangen sind, wie meine Hängebauchschweine, und von dem Kommen anderer. Da gibt es ungewöhnliche Persönlichkeiten, wie mein hellbraunes Huhn Karamella und die neuesten Bewohner Suleika und Freya, zwei Haflingerstuten. Ja, es wird wieder gewiehert bei mir – 15 Jahre, nachdem mein Nobody gestorben ist.

Was würde meine Mutter zu den Pferden sagen und erst mein Vater? Erst würden sie den Kopf schütteln. Aber ich bin mir sicher, sie freuen sich mit mir, denn seit jeher liebe ich Pferde. Meine Eltern schenkten meiner Schwester und mir als Kinder Jumbo, einen Schimmel, vor dem wir beim Reiten immer Angst hatten, weil er stieg. Aber mit Jumbo begann mein Leben mit Pferden.

Wie schön ist es , wenn mich morgens schon die beiden Blondis wiehernd begrüßen, sobald ich aus der Haustür komme und mein Herz macht wieder diese Freudenhüpfer.

So fühle ich mich hier nicht nur begrüßt, sondern angekommen. Viele Menschen kommen, um mit mir zu arbeiten, die Tiere zu besuchen oder auch mal zum Feiern. Doch oft bin ich auch allein, aber nie einsam. Ich fühle mich aufgehoben hier bei den Tieren. Sie sorgen dafür, dass es nie langweilig wird. Sie bringen mich jeden Tag zum Lachen. Sie trösten mich, wenn ich manchmal nicht weiter weiß. In den vergangenen Jahren, seit ich mit Victoria das Magazin Mensch&Natur realisiere, waren einige der Tiere unsere natürlichsten Fotomodelle. Keine Modestrecke (natürlich Bio-Qualität), die hier fotografiert wurde, auf denen nicht einige der Tiere zu sehen sind. Sie umgeben mich, gehören dazu, wie in diesem Moment Filou. Der Kater legt, während ich schreibe, seine kleine weiße Tatze auf meine Hand und zieht sie schnurrend zu sich hin, leider mit ausgefahrenen Krallen. Dabei blinzelt er mich an. Ein Stück vom Himmel, wenn auch grün.

Die letzten drei Jahren haben viele Veränderungen gebracht. Vor allem durch die Herausforderung, die Zeitschrift für Lebensfreude herauszubringen. Ursprünglich sollten Victoria und ich nur die Idee von einem Magazin für Gesundheit, Natur und Wellness umsetzen. Als der Verlag dann unser Konzept von 100 Seiten lobte, aber es doch nicht veröffentlichen wollte, haben wir allein weitergemacht, nicht ahnend, was es bedeutet, einen Verlag zu führen. Victoria als Geschäftsführerin und Layouterin, ich als Chefredakteurin (die kleine Tatze ist schon wieder da....) und beide inzwischen als Mit-Gesellschafterinnen. In gut drei Jahren haben wir 13 Ausgaben und 1300 Seiten herausgebracht; wir haben großartige Menschen kennengelernt, sinnvolle Artikel und gelungene Fotos veröffentlicht, aber vor allem haben wir hart gearbeitet. Meine Mutter, die unser größter Fan war, konnte nicht verstehen, warum wir uns diese Arbeit aufgebürdet haben, zumal wir uns kein Honorar zahlen konnten. „Warum machst du es dir nur so schwer?“, fragte sie oft mit weinendem Klang in der Stimme. „Und dann noch die vielen Tiere. Du kannst es doch viel einfacher haben“.

„Mutti“, habe ich jedesmal mit Empörung geantwortet, „und dann? Soll ich Fernsehen gucken oder zum Kaffeeklatsch gehen? Ich bin auf diesen Weg geschickt worden und den gehe ich jetzt, wo immer er mich auch hinführen wird.“

Natürlich gibt es Momente und Situationen, in denen

wir nach Enttäuschungen und manchen durchgearbeiteten Nächten nach dem Sinn fragen. Ein Patentrezept gegen Mutlosigkeit gibt es nicht, aber es gibt großartige Mutmacher, wie meine Tiere. Wenn Karamella glucksend ins Haus kommt und sich auf meine Stuhllehne setzt, vertreibt das die schlimmsten Gedanken, oder wenn ich aus dem Fenster blicke und Lilli Laufi, meine entzückende Laufente, sehe, die im Eiltempo vorbeirennt, als müsse sie dringend den Zug kriegen. Das vertreibt jede finstere Laune. Die Ruhe der Hunde, vor allem Heras tiefes Brummen beim Streicheln ist total gut gegen Stress.

Dann habe ich im Benediktiner-Kloster Hünfeld gelernt zu meditieren. Vertrauen vermittelt mir immer wieder die CD von Barbara Schenkbier „Die Vision vom göttlichen Menschen". Oft habe ich das Gefühl, dass die Worte gerade jetzt für mich gesprochen werden. Ich lasse sie auf mich wirken und gewinne neues Vertrauen.

So verliere ich nicht meine Fröhlichkeit und verkrafte auch manche schwierige Situationen, wie den Tod der beiden Hängebauchschweine Madeleine und Harry, die acht Jahre bei mir lebten. Da sie erst vor kurzem gestorben sind, ist die Erinnerung frisch: Schlimmer als ihr Tod ist für mich die Besprechung mit dem jungen Tierarzt, einem Experten für Schweine, über die Abwicklung ihres Dahinscheidens. Und natürlich geht es den beiden Hängebauchschweinen gerade an diesem Tag erstaunlich gut. Ihr morgendliches Mahl haben sie mit besonderem Genuss grunzend zu sich genommen. Harry erkundet mit seiner feuchten Nase die Umgebung und Madeleine wagt sogar einige Schritte aus dem Stall. Seit einigen Wochen haben sie den nicht mehr verlassen. Über diese beiden soll ich nun entscheiden, dass sie sterben sollen. Ein Grauen packt mich. Der Tierarzt trifft die beiden tief schlafend und schnarchend an. So zeigen sie keine Qualen, keine Gebrechen wie sonst.

Eine Entscheidung über Leben oder Tod zu treffen, ist hart und belastet das Gewissen. Während mir der Tierarzt den Vorgang genau erklärt, kann ich nicht aufhören, zu überlegen, wie es ist, wenn meine Schweine nicht mehr atmen, nicht mehr schnarchen, nicht mehr leben.

„ Und es tut ihnen nicht weh?“, frage ich mechanisch.

„Nein, bestimmt nicht. Höchstens der kleine Einstich bei der ersten Narkose. Aber wenn sie gerade schlafen, bekommen sie das nicht mit.“

„Aber mir tut es weh“, denke ich. „Sehr weh“.

Wir besprechen den Termin, wann die Schweine eingeschläfert werden sollen und einigen uns auf einen Dienstag, und ich begleite den Arzt zu seinem Auto. Langsam gehe ich zurück zum Stall.

Die Schweine haben den Besuch und die Diskussion über ihren bevorstehenden Tod verschlafen. Ich hocke mich zu ihnen und wie immer grummelt mir Harry einen Willkommensgruß entgegen. Wie gern ich das höre. Ich umhülle seine feuchte Nase mit meiner Handinnenfläche.

Ich beuge meinen Oberkörper über die schlafende Madeleine und spüre ihre Wärme. Ich reibe ihren Rücken und fahre mit den Fingern durch Harrys Borsten am Rücken – und weine. Ich weine um meine Schweine, dass sie so schwer sind und sie sterben werden. Mit Kosenamen überschütte ich die beiden schlafenden Tiere. Inzwischen ist es fast dunkel im Stall und eine Müdigkeit überkommt mich.

Langsam löse ich mich von den schlafenden Körpern und gehe zurück ins Haus, um mich zu waschen. Loslassen – selbst zwei alte, kranke Hängebauchschweine – tut weh...

Noch Wochen später, nachdem der Tierarzt beiden eine Spritze gegeben hat und sie ohne Schmerzen eingeschlafen sind, höre ich nebenan beim Versorgen von Rosi ihr Schnarchen und Harrys Grummeln.

Dann irgendwann mache ich die Stalltür auf und sehe mich um.

Eigentlich, sage ich mir, muss hier wieder Leben rein und ich sehe es auch schon vor mir, ein Pferdchen, so ein kleines, älteres. 15 Jahre, nachdem mein Nobody mit 29 Jahren gestorben ist, erwacht meine alte Liebe zu den Pferden wieder. Die Zeit ist reif und noch fühle ich mich stark genug, mich wieder auf ein Leben mit einem Pferd einzulassen. Aber es kommt ja bekanntlich immer anders als man denkt.

Ich frage Vicky, deren Isländerwallach Wotan auf dem Gestüt Neddernhof in der Nähe steht, ob sie mit mir ausreiten würde. So reite ich nach 15 Jahren zum ersten Mal wieder auf einer recht alten Isländerstute. „War gar nicht so schlecht“, meint meine Tochter. Auf jeden Fall hat mich dieser Ritt nach so vielen Jahren infiziert, und Pferdeleute wissen, wovon ich spreche.

Von nun an kreisen meine Gedanken, wenn wir nicht gerade in der Endphase einer neuen Ausgabe stecken, um „mein“ Pferd. So finde ich im Internet eine kleine Haflingerstute, von einem Pferdehändler in Thüringen angeboten. Wir telefonieren einige Male und mir ist klar, dass Freya, die einen hübschen Kopf fast wie ein Araber hat, zu mir kommen wird. Viel erfahre ich nicht, außer dass sie 10 Jahre alt, geritten und Kutsche gefahren und der Besitzer vor einiger Zeit gestorben ist.

Ein Pferd allein halten, geht gar nicht, wird mir vor allem von meiner Freundin Sabine gesagt, die selbst einige Pferde hat. Rosi als Gesellschaft genügt nicht. So kommt Suleika als artgleiche Gesellschafterin. Der Name hält nicht, was er verspricht. Die Stute, die ich ebenfalls im Internet finde, ist keineswegs eine exotische, zarte Pferdeschönheit, sondern eine ältere, kräftige Haflingerstute noch von der urtümlichen schweren Rasse, in Richtung Kaltblut. Aus familiären Gründen oder warum auch immer wollen die Besitzer sie dringend günstig abgeben. Als Vicky dann auch noch sagt: „Mama, nimm sie. Ich komme auch mit", fahren wir an einem Sonntagnachmittag mit einem geliehenen Hänger in die Heide.

Als Suleika von der Weide auf die Stallgasse geführt wird mit verwehter langer, blonder Mähne, verschlägt es mir für eine Weile die Sprache. Da steht ein kräftiges Pferd vor mir, das unruhig auf der Stelle hin und her tritt.

Das ist alles andere als ein Pferdchen. Ich unterschreibe den Vertrag und sage als erstes im Auto: „So hatte ich sie mir nicht vorgestellt".

„ Ich auch nicht", meint Vicky und dann noch: „Jetzt ist es zu spät."

Als Suleika in den einen Teil des Stalls einzieht, suchen meine übrigen Tiere kurz darauf das Weite. Wie auf eine Absprache hin ziehen Rosalinde, Sancho und Fatima in den Stall auf der Weide um.

Das habe ich nicht gewollt. Die Selbstvorwürfe, dass ich sie durch die Anschaffung des kräftigen Pferdes vertrieben habe, machen mir zu schaffen und noch mehr, dass Sancho sich offensichtlich schlecht fühlt, wenn er nicht sogar ernsthaft krank ist. Schon seit längerem krümmt er oft den Rücken und liegt häufiger als sonst mit flach ausgestrecktem Kopf auf der Weide.

„Dein Lama sieht nicht gut aus", meint Ursel besorgt. Mit Stefan baue ich den Geräteunterstand auf dem Hof zu einem Stall aus, damit meine Tiere wieder hier sein können. Am Abend hole ich sie von der Weide. Sie wollen sich gerade im Stall, den ich mit reichlich Stroh, Heu und Futterschüsseln ausgestattet habe, hinlegen. Widerwillig folgen sie mir in die neue Behausung, wo ich alle drei einsperre. Verschlossene Türen sind sie sonst nicht gewohnt. Am nächsten Morgen können sie es auch kaum abwarten, an mir vorbei ohne Frühstück wieder auf die Weide zu laufen. Na toll, sage ich mir, das hast du davon. Weil du unbedingt wieder ein Pferd haben willst. Mir steigen Tränen in die Augen. Ich wünsche mir, ich hätte meine beiden Schweine wieder, schnarchend und schmatzend, und nebenan meine Tiere und kein Riesenpferd, das ständig Hunger hat und wütend mit den Hufen gegen die Stallwand knallt, um mich daran zu erinnern, dass es nicht satt ist.

Tja, und dann kommt, wenige Tage später, kurz vor Weihnachten, die zweite Stute, die man schon eher als Pferdchen bezeichnen kann, weil sie etwas zierlicher ist. Ich hatte vergessen, dass Pferde feste Umzäunungen brauchen, sichere Trennwände und feste Haltevorrichtungen.

Es wird gebaut und gebastelt, meist im strömenden Regen. An Reiten ist nicht zu denken. So schiebe ich Mistkarren, fahre mit Stefan Holz, Schrauben und Zubehör für die Elektrozäune einkaufen, organisiere Heu, Stroh, Futter,

Sägemehl, während die beiden Pferde sich gut einleben. Es ist erstaunlich, was sich in wenigen Wochen alles ereignet und wie viele Menschen man kennenlernt, wenn man mit Pferden zu tun hat. Wobei mein bisheriges Leben auch nicht gerade eintönig war.

Da beide Stuten sowohl geritten als auch vor der Kutsche gegangen sein sollen, schenke ich Marek zu Weihnachten eine Fahrstunde bei Norbert, einem alten Freund und Pferde- und Fahrexperten. Außerdem ist er Patient bei Marek und die Töchter sind befreundet. Von nun an nimmt Marek Fahrunterricht, wobei die Vorbereitung, solange keine Kutsche da ist, mit Arbeiten an der Doppellonge, dem Auflegen des Geschirrs und dem Schleppen von Reifen über die Weide beginnt.

Sancho geht es zunehmend schlechter. Sein Anblick mit dem gekrümmten Rücken tut mir weh und vor allem mache ich mir ständig Vorwürfe, ihn aus seiner gewohnten Umgebung vertrieben zu haben. Der Tierarzt, er ist zum ersten Mal hier und Nachfolger meines bisherigen Arztes, wirft mir vor, dass die Klauen zu lang seien und meine Entschuldigung niemanden zu finden, der sie schneiden kann, missfällt ihm. Nachdem der mobile Scherer nicht mehr kommt, habe ich einige Leute vom Zirkus gefragt und auch Schmiede, aber keiner hat mir geholfen, da Sancho nicht ruhig steht. Auf die Frage, wann Sancho die letzte Wurmkur bekommen habe, muss ich überlegen und ernte wieder vorwurfsvolle Blicke von dem Arzt.

Nach einigen Wochen wirkt die Wurmkur offensichtlich und Sancho ist wieder der Alte. Als ich endlich einen Schmied finde, der ihm die Klauen schneiden will, und ich den Eindruck habe, meine Tiere fühlen sich in dem Stall auf der Weide auch ohne Sichtkontakt zu meinem Haus und mir wohl, kehrt meine Freude über meine Tiere zurück. Die Tierkommunikatorin Freya, über die wir einen Bericht in unserer Zeitschrift veröffentlichen, meint nach einem Plausch mit ihnen, dass sie sich recht wohl bei mir fühlen. Eigentlich hatte ich es geahnt.

Ich mache sicher nicht alles richtig mit meinen Tieren, ähnlich wie mit meinen Töchtern, aber ich bemühe mich und vor allem: Ich liebe sie von ganzem Herzen. Das haben sich inzwischen auch die beiden Haflingerstuten erobert. Sie begrüßen mich morgens mit Wiehern, schütteln ihre blonden Mähnen. Auf jeden Fall sind die beiden inzwischen angekommen. Jeden Morgen werden sie von Fatima besucht, die keck schnalzend vor ihrem Stall herumhüpft. Auch Rosi kommt ab und zu wieder zu Besuch und ich begrüße sie überschwänglich wie eine verlorene Tochter und verwöhne sie mit Leckereien.

Sancho hält sich nach wie vor zurück und betrachtet die beiden Neuen mit Abstand.

Ich habe auch eine neue Karre angeschafft, die sich leichter schieben lässt, vor allem durch Schnee und Matsch. Inzwischen singen die Vögel die ersten Frühlingslieder, der Wasserschlauch ist aufgetaut, und ich muss nicht mehr die schweren Eimer für die Pferde schleppen und Trinkgefäße auf der Weide auftauen.

Victoria wird im Mai heiraten. Mit Johanna, die im Sommer nach der Ausbildung in Spanien nach Deutschland zurückkommt, haben wir vor kurzem ein Brautkleid und einen Schleier in Hamburg gekauft.

Uns stehen die Tränen in den Augen, als Vicky in Weiß aus der Kabine tritt. Vicky will noch eine Nacht über den Kauf nachdenken und ihre Freundinnen um Rat fragen. Doch als die Verkäuferin meint: „Die wichtigsten Menschen, ihre Mutter und ihre Schwester, sind doch hier", nickt Vicky und sieht mich fragend an. „Gekauft!", sage ich, die ich doch Mutter und Vater bin, und so fühle ich mich auch doppelt so glücklich, nicht nur über den gelungenen Kauf des Seidenkleides, sondern weil wir drei zusammen sind. Als wir anschließend ein Glas Champagner auf den gelungenen Brautkleidkauf trinken wollen, bemerkt Johanna kritisch, wir seien verschwenderisch, und bestellt sich einen Chai-Tee. Der nette Kellner bringt dann doch ein Sektglas mit Wasser – zum Anstoßen.

Dem Ereignis des Hamburg-Besuchs folgt wenige Tage später ein weiterer, mit dem ich nicht gerechnet habe, was wieder einmal beweist, wie bunt unser Leben sein kann.

Der Tierarzt, dieses Mal ein Facharzt für Pferde, kommt, um Freya die zweite Tetanusspritze zu geben. Es ist schon dunkel und wir stehen gemeinsam in der Pferdebox, als er meint: „Fütterst du vielleicht zu gut?"

„Eigentlich nicht, aber ich finde Freya auch ziemlich rund in letzter Zeit. Meinst du vielleicht….?

„Dann schaun wir mal", und vorsichtig tastet der Tierarzt den Bauch und das Euter ab. Dann richtet er sich auf und meint:

„Herzlichen Glückwunsch! Du bekommst ein Fohlen."

Weitere Bücher aus dem Verlag Via Nova:

Neuer Lebensmut in der Begegnung mit dem Tod

Die Trauer zulassen – aber das Leben nicht vergessen

Maria Köllner

Paperback, 192 Seiten, ISBN 978-3-86616-059-0

Unser Leben ist ein Geschenk, vielfältig und wunderbar. Das empfinden wir häufig nicht mehr, wenn uns der Tod eines nahe stehenden Menschen die Lebensfreude nimmt. Doch wenn wir dem Tod keine Herrschaft über uns und unser Leben einräumen, öffnen sich neue, ungeahnte Wege. Das zu erkennen und die Veränderung als Chance anzunehmen ist die Botschaft dieses Buches. Es beschreibt die Erfahrung der Autorin Maria Köllner, die ein Jahr lang ihren sterbenskranken Mann begleitet. Krankheit und Angst haben die Macht über ihr gemeinsames Leben ergriffen, bis sich ihre Wege trennen. Durch die Begegnung mit dem Tod öffnen sich nach einer Weile neue, ungeahnte Lebenswege für die Zurückgebliebene. So entsteht aus dem Schmerz die Kraft für einen Neubeginn. Das Fazit: Mit Mut und Glauben gewinnen wir unsere Lebensfreude auch nach Schicksalsschlägen zurück. Neben einer neuen Vielfalt der Gegenwart wächst das Gefühl von Dankbarkeit für die geliebten Menschen, die vor uns gegangen sind.

Was mir meine Tiere schenken

Das Glück der Lamafrau

Maria Köllner

Paperback, 200 Seiten, 20 Fotos, ISBN 978-3-86616-111-5

Wie schon in ihrem ersten Buch „Die Lamafrau – mit Mut in ein neues Leben" lädt die Buch- und Filmautorin sowie Journalistin Maria Köllner die Leser auf ihren idyllischen Hof „Ave" in der Lüneburger Heide ein. Mit viel Gefühl und Humor beschreibt sie, nachdem ihre jüngste Tochter das Haus verlassen hat, ihr verändertes Leben, neue Begegnungen, Erlebnisse und Erfahrungen mit Tieren, mit Menschen und sich selbst. Glück, Vertrauen und Geborgenheit, Lebenskraft und Lebensfreude, die sie dabei empfindet, gibt sie an ihre Leser weiter. Dieses Buch – mit schönen, ansprechenden Fotos der Tierfotografin Angela Kraft – erzählt und veranschaulicht, wie ein Leben mit Tieren und der Natur spannend, erheiternd und bereichernd sein kann, besonders für die Menschen, die sich durch die Komplexität und Hektik der modernen, meist städtisch geprägten Welt gestresst und überfordert fühlen. Es ist eine Einladung in die wunderbare Vielfalt des Lebens.

Lilli Laufi aus dem Ei

Die wahre Geschichte einer kleinen Laufente, die keine Mama hatte

Maria Köllner

2. Auflage

Hardcover, 38 Seiten,
17 farbige Fotos, ISBN 978-3-86616-165-8

Lilli, die kesse Laufente, ist ein Beispiel dafür, dass es keine Rolle spielt, in welches Nest ein Ei fällt. Diese zauberhafte wahre Geschichte der kleinen Ente, die von der Henne Alma ausgebrütet wurde, weil die eigene Mutter sich nicht um das Ei kümmerte, und die anschließende spannende Entdeckungsreise des kleinen Kükens ins Leben spricht Kinder ab drei Jahren ebenso an wie Tierfreunde jeden Alters. Die Geschichte beginnt mit einem Ei ...

Weisheiten der Schnüffelnasen

Botschaften der Hunde für uns Menschen

Sabina Pilguj

Hardcover, 144 Seiten, 40 farbige Fotos,
ISBN 978-3-86616-194-8

Die Autorin beschreibt in kurzgefassten Kapiteln ihre Beobachtungen und Erfahrungen mit Hunden und bezieht diese vergleichend auf menschliches Verhalten. Sie macht – nicht nur Hundeliebhabern – bewusst, dass Hunde treu, liebevoll, wahrhaftig, wachsam und entschlossen sind, Lebensfreude vermitteln und den Menschen gut tun, sogar menschliche Heilprozesse fördern. Dieses mit vielen farbigen Fotos anschaulich gestaltete Buch regt den Leser an, über sein und allgemein menschliches Verhalten nachzudenken und seine Einstellungen und sein Handeln entsprechend zu ändern, um bewusster, friedvoller, glücklicher, erfüllter zu leben.

Weisheit auf Samtpfoten

Die Botschaft der Katzen

Sabina Pilguj

Geschenkbuch, Hardcover, 112 Seiten,
ISBN 978-3-86616-131-3

Katzen wurden bereits im alten Ägypten vergöttert. Sie strahlen etwas Geheimnisvolles, ja sogar Magisches aus. Sie schlafen bis zu zwanzig Stunden am Tag, aber die restliche Zeit sind sie ganz und gar da, leben im Hier und Jetzt. Wenn sie schnurren, versetzen sie den Menschen in eine zärtliche Schwingung der Zuneigung und der Liebe. Sie verkörpern nicht nur Anmut und Schönheit, sondern auch eine besondere Art zu leben. Genau von dieser besonderen Lebensart können Menschen sehr viel lernen. Die Autorin geht in ihrem Büchlein der Faszination nach, die von einer Katze ausgeht, und überträgt ihr Verhalten auf die Menschen. Am Ende einer jeden Beschreibung der Verhaltensweisen von Katzen, wie z.B.Vertrauen, Entschlossenheit, Entspannung, Lebensfreude, bedingungslose Liebe, Hingabe, formuliert die Verfasserin dann daraus sich ergebende, für den Menschen konkret anwendbare Lebensweisheiten.

Ganzheitlich entgiften und entschlacken

Die 8-Kräuterkur für ein gesundes Leben

Bettina Lindner

Paperback, 144 Seiten, 30 mehrfarbige Fotos,
ISBN 978-3-86616-219-8

Tausende haben in den letzten Jahrzehnten hervorragende Erfahrungen mit einem speziellen 8-Kräutertee gemacht. Sogar Schwerkranke verbessern ihren Zustand meist deutlich mit dem Rezept der Ojibwa-Indianer Kanadas, auf deren Wissen diese Kräutermischung beruht. Der Tee ist in der Lage, Krankheiten vorzubeugen oder zu heilen, weil er intensiv entsäuert, entgiftet, entschlackt. Dadurch wird auch das Immunsystem gestärkt. Dieses Buch macht Hoffnung, indem es traditionelles Gesundheitswissen in die heutige Zeit bringt. Es erklärt nicht nur die Entdeckung des Tees vor mehr als 80 Jahren, sondern auch, warum diese spezielle Zusammensetzung der Kräuter so wirkungsvoll ist. Besonders berührend sind die Erfahrungsberichte der Anwender, die aufzeigen, dass die tägliche Vitalität und geistige Frische durch Entgiftung extrem verbessert werden kann.

Achte auf das, was du sagst

Das Geheimnis der richtigen Wortwahl

Susann Theresa Braun

Taschenbuch, 144 Seiten, ISBN 978-3-86616-211-2

Das Bewusstsein für das, was und wie wir etwas sagen, ist oftmals verloren gegangen. Viele Konflikte in der Familie, der Partnerschaft und im Beruf könnten vermieden werden, wenn die Gesprächspartner bewusster reden und spüren würden, was ihre Aussagen für den Gesprächspartner bedeuten, bei ihm auslösen und bewirken. Dieses einführende Buch möchte Menschen inspirieren, über ihre Sprachgewohnheiten nachzudenken und sie gegebenenfalls zu korrigieren. Es will ihr Bewusstsein für die „Psychologie der Sprache" schärfen und zeigt Möglichkeiten auf, wie die tägliche Kommunikation in Familie und Beruf stressfrei und harmonisch verlaufen kann.

Freundschaft – ein Geschenk des Lebens

Max Lang

Paperback, 240 Seiten, ISBN 978-3-86616-143-6

Was wäre unser Leben ohne gute Freunde! Wie könnte es ohne sie gelingen! Die Freundschaften sind es, die dem eigenen Dasein Fülle und Tiefe verleihen. Im Geben und im Nehmen erschließen sie menschliches Werden und Vollenden. In zahlreichen Geschichten, im Blick auf die Jahrhunderte und auf die Kulturen der Welt und die Weisheit der Philosophen erschließt er die spirituelle Dimension der Freundschaft. Als besonders hilfreich erweisen sich hierbei Impulse aus der Welt des Buddhismus. Ein eigenes Kapitel ist der Freundschaft mit alten Menschen gewidmet.